Vorwort

In Europa leben rund 140 einheimische Landsäugetierarten. Hinzu kommen noch 23 Arten, die eingebürgert wurden und heute zur europäischen Fauna gezählt werden. In der Schweiz kennen wir 83 wildlebende Säugetierarten. Davon gehören allein 26 Arten zu den Fledermäusen *(Chiroptera)*, 15 Arten zu den Mäusen *(Muridae)* und 10 Arten zu den Spitzmäusen *(Soricidae)*.

Die grösseren Säugetierarten unserer einheimischen Fauna wie Hirsch, Reh, Wildschwein, Fuchs, Hase und andere sind jedermann bekannt. Mit etwas Glück können wir sie in der freien Wildbahn beobachten. Wir kennen sie auch von Märchen, Fabeln und Wetterregeln. Hingegen leben manche Kleinsäuger verborgen oder sie sind nachtaktiv und entziehen sich unseren Blicken. Es ist praktisch unmöglich, im Felde die verschiedenen Mäuse-, Spitzmaus- und Fledermausarten zu unterscheiden.

Seit dem Erscheinen des Heftes «Säugetiere der Schweiz» (U. Rahm, 1976) ist viel Forschungsarbeit geleistet worden. Es war deshalb notwendig, eine neue, überarbeitete Publikation herauszugeben. Die Fülle der neuen Erkenntnisse rechtfertigte es, für die neue Publikation zwei Autoren zu verpflichten, die sich durch ihr Interesse an verschiedenen Säugetierarten ergänzen.

Die Fauna unseres Landes war im Laufe der Erdgeschichte grossen Wandlungen unterworfen. Diese Veränderungen sind vor allem auf wechselnde klimatische Bedingungen zurückzuführen. Dank Knochenfunden wie z.B. in Höhlen und Uferrandsiedlungen wissen wir heute über diejenigen Säugetierarten Bescheid, die einst unser Land bevölkerten. Während der Eiszeiten lebten bei uns zum Teil andere Tierarten als heute. Ausgestorben sind z.B. Auerochs, Mammut, Höhlenbär, Wollnashorn und Riesenhirsch. Am Ende der Eiszeit zogen sich einige Formen ins Hochgebirge zurück (Steinbock, Gemse, Murmeltier), andere folgten dem Eisrand nach Norden wie Rentier, Moschusochse und Lemming. Der Schneehase schlug beide Wege ein. In die klimatisch milder werdenden Flachländer wanderten darauf neue Säugetierarten asiatischen Ursprungs ein (Wildpferd, Hamster, Ziesel), verschwanden aber in der Folge wieder.

In neuerer Zeit hat der Mensch stark in das Naturbild eingegriffen. In der Schweiz wurden durch Verfolgung und Jagd Arten wie Braunbär, Luchs, Wolf und Biber ausgerottet. Veränderungen des Landschaftsbildes durch Rodung, Flusskorrektionen, Überbauungen, Kulturland usw. haben den Lebensraum mancher Tierarten stark eingeschränkt bzw. die Existenz mancher Arten sogar gefährdet. Das Bundesamt für Umwelt, Wald und Landschaft (BUWAL) hat eine «Rote Liste der gefährdeten Tierarten in der Schweiz» veröffentlicht. Durch Wiedereinbürgerungen hat man versucht, ausgerottete Tierarten wie z.B. Luchs und Biber bei uns wieder heimisch zu machen.

Es gibt jedoch Säugetierarten, die früher in der Schweiz nicht vorkamen und heute unsere Faunaliste bereichern, so z.B. Bisamratte, Marderhund, Waschbär und Damhirsch. Diese Arten sind aus Nachbarländern eingewandert oder aus Gehegen ausgebrochen.

Inhalt /Artenliste

Vorwort 3
Einleitung 7

Ordnung: INSEKTENFRESSER *INSECTIVORA*
Familie: Igel *Erinaceidae*
Westigel *Erinaceus europaeus* 8
Familie: Spitzmäuse *Soricidae* 10
Alpenspitzmaus *Sorex alpinus*
Waldspitzmaus *Sorex araneus*
Schabrackenspitzmaus *Sorex coronatus*
Zwergspitzmaus *Sorex minutus*
Wasserspitzmaus *Neomys fodiens*
Sumpfspitzmaus *Neomys anomalus*
Hausspitzmaus *Crocidura russula*
Gartenspitzmaus *Crocidura suaveolens*
Feldspitzmaus *Crocidura leucodon*
Etruskerspitzmaus *Suncus etruscus*
Familie: Maulwürfe *Talpidae*
Maulwurf *Talpa europaea* 13
Blindmaulwurf *Talpa caeca* 15

Ordnung: FLEDERMÄUSE *CHIROPTERA* 15
Familie: Hufeisennasen *Rhinolophidae*
Kl. Hufeisennase *Rhinolophus hipposideros*
Gr. Hufeisennase *Rhinolophus ferrumequinum*
Familie: Glattnasen *Vespertilionidae*
Mopsfledermaus *Barbastella barbastellus*
Braunes Langohr *Plecotus auritus*
Langflügelfledermaus *Miniopterus schreibersi*
Gr. Abendsegler *Nyctalus noctula*
Kl. Abendsegler *Nyctalus leisleri*
Zweifarbenfledermaus *Vespertilio murinus*
Breitflügelfledermaus *Eptesicus serotinus*
Nordfledermaus *Eptesicus nilssoni*
Zwergfledermaus *Pipistrellus pipistrellus*
Alpenfledermaus *Hypsugo savii*
Weissrandfledermaus *Pipistrellus kuhli*
Rauhhautfledermaus *Pipistrellus nathusii*
Grosses Mausohr *Myotis myotis*
Bartfledermaus *Myotis mystacinus*
Wimperfledermaus *Myotis emarginatus*
Fransenfledermaus *Myotis nattereri*
Bechsteinfledermaus *Myotis bechsteini*
Wasserfledermaus *Myotis daubentoni*

Langfussfledermaus *Myotis capaccinii*
Teichfledermaus *Myotis dasycneme*
Familie: Bulldoggfledermäuse *Molossidae*
Bulldoggfledermaus *Tadarida teniotis*

Ordnung: HASENTIERE *LAGOMORPHA*
Familie: Hasen *Leporidae*
Wildkaninchen *Oryctolagus cuniculus*   17
Feldhase *Lepus europaeus*   19
Schneehase *Lepus timidus*   20

Ordnung: NAGETIERE *RODENTIA*
Familie: Hörnchen *Sciuridae*
Alpenmurmeltier *Marmota marmota*   21
Eichhörnchen *Sciurus vulgaris*   23
Burunduk *Tamias sibiricus*   25
Familie: Biber *Castoridae*
Europäischer Biber *Castor fiber*   26
Familie: Schläfer oder **Bilche** *Gliridae*
Siebenschläfer *Glis glis*   29
Gartenschläfer *Eliomys quercinus*   30
Baumschläfer *Dryomys nitedula*   31
Haselmaus *Muscardinus avellanarius*   31
Familie: Wühlmäuse *Arvicolidae*
Bisamratte *Ondatra zibethicus*   32
Rötelmaus *Clethrionomys glareolus*   34
Ostschermaus *Arvicola terrestris*   35
Feldmaus *Microtus arvalis*   35
Erdmaus *Microtus agrestis*   36
Schneemaus *Microtus nivalis (Chionomys nivalis)*   37
Kleinwühlmaus *Pitymys subterraneus*   37
Fatio-Kleinwühlmaus *Pitymys multiplex*
Savi-Kleinwühlmaus *Pitymys savii*
Familie: Mäuse oder **Langschwanzmäuse** *Muridae*
Wanderratte *Rattus norvegicus*   38
Hausratte *Rattus rattus*   47
Hausmaus *Mus musculus (Mus domesticus)*   47
Waldmaus *Apodemus sylvaticus*   48
Gelbhalsmaus *Apodemus flavicollis*
Alpenwaldmaus *Apodemus alpicola*
Zwergmaus *Micromys minutus*   48

Ordnung: RAUBTIERE *CARNIVORA*
Familie: Hundeartige *Canidae*

Wolf *Canis lupus*	50
Marderhund *Nyctereutes procyonoides*	51
Rotfuchs *Vulpes vulpes*	51

Familie: Grossbären *Ursidae*

Braunbär *Ursus arctos*	53

Familie: Kleinbären *Procyonidae*

Waschbär *Procyon lotor*	54

Familie: Marder *Mustelidae*

Dachs *Meles meles*	55
Hermelin oder Wiesel *Mustela erminea*	57
Mauswiesel *Mustela nivalis*	58
Iltis *Mustela putorius*	59
Fischotter *Lutra lutra*	60
Stein- oder Hausmarder *Martes foina*	62
Baum- oder Edelmarder *Martes martes*	64

Familie: Katzen *Felidae*

Wild- oder Waldkatze *Felis silvestris*	65
Luchs *Lynx lynx*	67

Ordnung: PAARHUFER *ARTIODACTYLA*
Familie: Schweine *Suidae*

Wildschwein *Sus scrofa*	68

Familie: Hirsche *Cervidae*

Rothirsch *Cervus elaphus*	71
Sikahirsch *Cervus nippon*	77
Reh *Capreolus capreolus*	71

Familie: Hornträger *Bovidae*

Alpensteinbock *Capra ibex*	71
Gemse *Rupicapra rupicapra*	71
Mufflon *Ovis ammon musimon*	78

Datentabelle	80
Weiterführende Literatur	82

Einleitung

Die meisten Säugetiere besitzen ein Territorium, auch Revier genannt. Man versteht darunter ein Gebiet, das von einem Individuum oder von einer sozialen Einheit von Tieren gleicher Art bewohnt wird. Es wird gegen Artgenossen, die nicht zu diesem Territorium gehören, verteidigt. Hingegen werden Individuen einer anderen Tierart darin geduldet. Dies bedeutet, dass z.B. im Territorium eines Fuchses auch Rehe, Mäuse, Marder usw. leben, die wiederum ihre eigenen Reviere besitzen. Die Grösse eines Territoriums ist vom Nahrungsangebot abhängig, d.h. vom Pflanzenbewuchs und von der Anzahl Beutetiere. Grosse Tiere haben in der Regel ein grösseres Revier als kleine. Raubtiere benötigen meist ein umfangreiches Gebiet. Deshalb haben sie, an ihr Revier angrenzend, ein Jagd- oder Streifgebiet, das sie sporadisch aufsuchen, um Beute zu jagen.

Jedes Territorium beherbergt verschiedene Stellen oder Fixpunkte, die für bestimmte Handlungen reserviert sind. Der Wohnort (Nest, Erdbau, Höhle, Kessel usw.) ist der Mittelpunkt des Territoriums und wird Heim erster Ordnung genannt. Hier schlafen die Tiere, und in vielen Fällen werden hier auch die Jungen geboren. Unterschlupfe, Verstecke, Fluchtlöcher, deren Zahl je nach Tierart und Gelände schwankt, werden Heime zweiter und dritter Ordnung genannt. Von der Behausung aus verlaufen Haupt- und Nebenwechsel (Pfade) ins Revier. Je nach Tierart führen Pfade zu Äsungsplätzen, Wasserstellen, Suhlen, Ausgucken, Sonnenplätzen u.a. Innerhalb des Territoriums benutzen grössere Säugetiere mit Vorteil auch unsere Pfade, Feld- und Waldwege, da diese ein bequemes und rasches Vorwärtskommen ermöglichen. Im weichen Boden, Sand oder Schnee hinterlassen die Tiere ihre Spuren. Die Fussabdrücke (Trittsiegel) und die Spur sind für jede Säugetierart charakteristisch und erlauben es, die Art zu identifizieren.

An den Äsungsplätzen hinterlassen gewisse Pflanzenfresser Frassspuren. So sind z.B. Zahnspuren an benagten Baumstämmchen je nach Art unterschiedlich und erlauben, in typischen Fällen die Herkunft auszumachen (Huftiere, Hasen, Eichhörnchen, Biber u.a.). Manche Säugetiere haben spezielle Kotstellen (Aborte) im Revier. Anhand der Grösse und Form der Kotballen kann ermittelt werden, von welcher Art die Losung stammt.

An Fegestellen, Ruheplätzen und Durchschlupfen entdecken wir gelegentlich Haare von Säugetieren. Diese Haare können heute mit speziellen Methoden artspezifisch bestimmt werden.

Für die Kenntnis der Kleinsäuger-Fauna eines Gebietes geben Gewölle gute Anhaltspunkte. Die Gewölle (Speiballen) von Nachtgreifvögeln (Schleiereule, Waldkauz, Waldohreule) enthalten Schädel und Knochen von Beutetieren wie Mäuse und Spitzmäuse. Anhand dieser Knochen können Art und Anzahl der Beutetiere bestimmt werden.

Das Territorium wird in der Regel von den Männchen an strategischen Stellen markiert. Dazu dienen bei vielen Arten spezielle Hautdrüsen, die Duftstoffe produzieren. Auch Harn und Kot dienen zur Markierung des Territoriums. Neben diesen geruchlichen (olfaktorischen) kommen auch optische und akustische Reviermarkierungen vor, die aber bei unseren Säugetieren selten sind. Beispiele zur Markierung sind bei den einzelnen Arten erwähnt.

Dank der oben beschriebenen indirekten Anzeichen und Merkmale in einem Revier können wir im Gelände feststellen, welche Säuger vorkommen, auch wenn wir die Tiere selbst nicht zu Gesicht bekommen.

Ordnung: INSEKTENFRESSER *INSECTIVORA*

Familie: Igel *Erinaceidae*

Westigel *Erinaceus europaeus*
F: Hérisson   I: Riccio europeo   R: Erizun   E: European hedgehog

Das Stachelkleid ist für den Igel typisch, er kann mit keinem anderen bei uns lebenden Säugetier verwechselt werden. Vorfahren unserer heutigen Igel traten im Miozän vor 15–20 Millionen Jahren auf. Sie sind also eine erdgeschichtlich sehr alte Tierfamilie, welche ihre äussere Erscheinung kaum geändert hat. In Europa leben zwei Arten der Gattung *Erinaceus:* der Weissbauch- oder Ostigel *(E. concolor)* und der Braunbrust- oder Westigel *(E. europaeus).* In der Schweiz kommen zwei Unterarten des Braunbrustigels vor: *E. europaeus europaeus* nördlich der Alpen, *E. europaeus italicus* südlich der Alpen. Die südliche Rasse ist etwas heller in der Färbung und kleiner als ihr nördlicher Verwandter. Die volkstümliche Unterscheidung zwischen «Schweinsigel» (Swinegel) und «Hundsigel» dürfte auf den verschiedenen Ernährungszustand zurückzuführen sein; fetter Schweinsigel im Herbst, magerer Hundsigel im Frühling.

Ein ausgewachsener Igel hat mehrere tausend Stacheln. Die Stacheln stecken mit dem Stachelkolben in der derben Rückenhaut. Die Hautmuskeln sind sehr differenziert und zwei davon besonders gut ausgebildet *(Musculus caudodorsalis* und *Musculus orbicularis dorsi).* Der erste bedeckt den ganzen Rücken und einen Teil der Flanken, der zweite bildet einen ovalen Ring um den Körper. Diese Muskeln sind durch eine dicke Fettschicht von den tiefer liegenden Rumpfmuskeln getrennt, aber mit der Haut eng verbunden. Kontrahiert sich der Ringmuskel, so rollt sich der Igel zur bekannten Kugel zusammen, und die Stacheln richten sich auf.

Igel bewohnen die verschiedensten Landschaftstypen und sind auch zu Kulturfolgern geworden. Man trifft sie mitten in Städten, in Gärten und in Parkanlagen. Ihre Hauptaktivität haben die Igel am Abend zwischen 18 und 22 Uhr sowie zwischen 4 und 5 Uhr morgens. Tagsüber schlafen die Tiere in einem natürlichen Unterschlupf. In diesem wird ein Lager aus Laub, Moos oder Heu hergerichtet. Das Pflanzenmaterial wird portionenweise im Mund transportiert. Sind Heu- oder Reisighaufen vorhanden, so graben die Tiere darin einen kugelförmigen Hohlraum.

Igel ernähren sich fast ausschliesslich von tierischer Kost, der tägliche Bedarf beträgt 80–150 g. In heissen, trockenen Sommern ernähren sie sich vorwiegend von Insekten und deren Larven, bei feuchtem Wetter vermehrt von Schnecken, Regenwürmern, Tausendfüsslern und Asseln. Gelegentlich erwischt ein Igel auch Amphibien oder Reptilien. Der Igel ist erstaunlich widerstandsfähig gegenüber verschiedenen Giften und vertilgt auch Gliedertiere, die sich chemisch verteidigen, wie z.B. Tausendfüssler, Ölkäfer, Wespen und Bienen. Igel sind gegen Schlangengift wenig empfindlich. Sie vertragen im Versuch eine 35–40mal höhere Dosis als ein Meerschweinchen. Gegen Schlangen verteidigt sich der Igel vehement, indem er die Kopfstacheln aufrichtet. Die Schlange beisst dann wiederholt in diesen Schutzschild und ermüdet, so dass sie schliesslich vom Igel überwältigt werden kann. Mäuse erwischt der Igel nur selten, hingegen räumt er Nester mit Jungmäusen aus. Bei der Nahrungssuche streift er mit der Nase über dem Boden in seinem Revier umher. Er schnüffelt laut und gut hörbar. Dank seinem guten Gehörsinn kann der Igel gewisse Beutetiere aus mehreren Metern Entfernung lokalisieren. So reagiert er auf das Krabbeln von Mistkäfern aus 5 m Distanz. Igel haben auch die Fähigkeit, Geräusche im Ultraschallbereich zu hören und zu deuten.

Die Grösse des Reviers misst 1,8–2,5 ha und scheint nicht vom Nahrungsangebot abhängig zu sein. Igel sind Einzelgänger und verteidigen leidenschaftlich ihr Wohngebiet gegen Artgenossen. Alle diejenigen, welche schon Igel gehalten haben, konnten sicherlich das «Selbstbespucken» bei diesen Tieren beobachten. Igel schmieren sich in eigenartiger Weise ihren Speichel auf die Stacheln; sie bespucken sich. Die Bedeutung dieser eigenartigen Handlung ist noch nicht abgeklärt.

Unser Igel wird im Alter von 9–11 Monaten geschlechtsreif. Die Hauptpaarungszeit sind die Monate April und Mai. Das Männchen wirbt mit schnorrenden, rätschenden und fauchenden Lauten um das Weibchen. Eine Paarung ist nur möglich, wenn das Weibchen dazu bereit ist. Die Paarung erfolgt wie bei anderen Säugetieren von hinten, indem das Männchen vorsichtig aufreitet. Vor der Geburt der Jungen muss das Männchen wegziehen. Die Tragzeit beträgt nur 32–35 Tage, ein Weibchen kann zwei Würfe im Jahr haben. Fällt der zweite Wurf aber in den September oder Oktober, so sind die Jungen gefährdet, da sie nicht mehr genug Nahrung aufnehmen können, um das für die Überwinterung notwendige Mindestgewicht von 700 g zu erreichen. Die 2–6 Jungtiere sind 6–9 cm lang, wiegen 15–20 g und sind blind und taub. Die Neugeborenen sind rosa gefärbt, nur der Rücken ist grau. Die Stacheln sind bei der Geburt von einer dicken, wasserreichen Haut bedeckt, so dass die Mutter während der Geburt nicht verletzt werden kann. Nach der Geburt entwässert sich die Haut, und die weisslichen Erstlingssta-

Junge Igel, wenige Stunden alt

cheln stossen durch. Schon nach 40–60 Stunden erscheinen die Spitzen der grau gefärbten zweiten Stachelgeneration. Dann fallen auch diese aus und werden durch das definitive Stachelkleid ersetzt. Die Jungen verlassen das Nest zum ersten Mal im Alter von 3–4 Wochen. Mit 5–8 Wochen wiegen sie 300 g und werden selbständig.

Igel sind die einzigen Vertreter der Insektenfresser, die einen echten Winterschlaf halten. Für die Winterruhe werden die Nester mit Pflanzenmaterial zusätzlich isoliert. Damit ein Igel für den Winterschlaf bereit ist, müssen verschiedene Umweltbedingungen erfüllt sein: Temperaturrückgang, Abnahme der Tageslänge, Verringerung des Nahrungsangebotes. Hormone spielen wahrscheinlich eine Rolle bei der Steuerung des Winterschlafes. Während des Winterschlafes kann die Körpertemperatur von 34 °C bis auf 2,8 °C sinken. Nach dem Winterschlaf muss der Körper wieder erwärmt werden. Während des Aufwachens kann der Puls mit Unterbrüchen bis auf 320 Schläge pro Minute ansteigen (normal 180–220). Die Anstrengung ist so gross, dass darauf eine Art physiologischer Zusammenbruch erfolgt. Wenn ein Igel im Frühling bei mehrmals hintereinander folgenden Kälte- und Wärmeperioden auf diese Weise aufwacht, geht er zugrunde, sofern er während des Wachseins kein Wasser und keine Nahrung zu sich nehmen kann.

An Igelparasiten sind u.a. zu nennen: Igelfloh *(Archaeopsylla erinacei)*, dessen Larven sich in den Igelnestern entwickeln. Häufig sind Zecken (z.B. *Ixodes hexagonum)*, die vor allem an den Igelohren und um das Auge sitzen und Blut saugen. Die Milbe *Caparina tripilis* lebt in der Haut, in welcher sie Gänge gräbt.

Als Feind des Igels ist der Uhu zu erwähnen. Heute sind Motorfahrzeuge die häufigste Todesursache. Es gibt in der Schweiz mehrere Igelstationen, die verwaiste Tiere aufnehmen und Ratschläge erteilen.

Literatur: 7, 29

Familie: Spitzmäuse *Soricidae*
F: Musaraignes   I: Toporagni   R: Misarongs   E: Shrews

Spitzmäuse und echte Mäuse haben nur bei oberflächlicher Betrachtung wirkliche Gemeinsamkeiten, z.B. die geringe Körpergrösse oder die rasche Fortbewegung. Wenn man ihren Körperbau und die Lebensweise betrachtet, so sind die Unterschiede sehr gross. Spitzmäuse sind Fleischfresser, die vor allem wirbellose Tiere jagen. Die echten Mäuse sind Nagetiere, die sich vorwiegend von Pflanzen ernähren. Entsprechend unterschiedlich sind die Gebisse. Das Gebiss der Spitzmäuse besteht aus mindestens 30 spitzen Zähnen, mit denen die Beute festgehalten, getötet und zerkleinert wird. Typisch ist die lange Schnauze mit einem beweglichen Rüssel, der weit über die Schneidezähne vorragt. Mit seiner Hilfe stöbert die Spitzmaus nach Beute. Viele Spitzmausarten haben einen grossen Nahrungsbedarf und fressen pro Tag etwa so viel wie ihr Körpergewicht. Die kleinen, auffällig kurzbeinigen Tierchen besitzen ein kurzes, dichtes Fell, extrem kleine Augen und einen recht langen Schwanz.

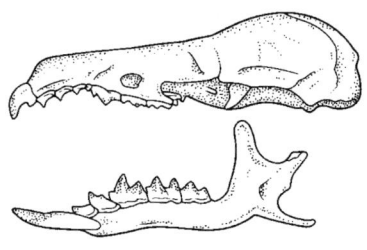
Schädel eines Insektenfressers (Waldspitzmaus)

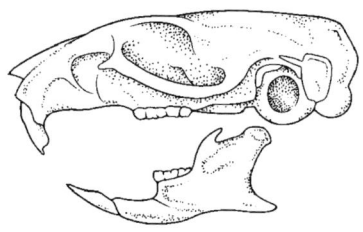
Schädel eines Nagetieres (Hausmaus)

Die Spitzmausarten der Schweiz:

Alpenspitzmaus *Sorex alpinus*
Waldspitzmaus *Sorex araneus*
Schabrackenspitzmaus *Sorex coronatus*
Zwergspitzmaus *Sorex minutus*
Wasserspitzmaus *Neomys fodiens*
Sumpfspitzmaus *Neomys anomalus*
Hausspitzmaus *Crocidura russula*
Gartenspitzmaus *Crocidura suaveolens*
Feldspitzmaus *Crocidura leucodon*
Etruskerspitzmaus *Suncus etruscus*

In der Schweiz kommen 10 Spitzmausarten vor, die nicht einfach zu bestimmen sind. Leichter ist es schon, die Rotzahnspitzmäuse mit den Gattungen *Sorex* und *Neomys* und die Weisszahnspitzmäuse mit der Gattung *Crocidura* zu unterscheiden. Die Rotzahnspitzmäuse haben ihren Namen von Eiseneinlagerungen im Zahnschmelz. Auch sonst weisen die beiden Gruppen markante Unterschiede auf. Die Schwänze der Weisszahnspitzmäuse sind gekennzeichnet durch einzelne lange, helle, stark abstehende Wimperhaare, während die Schwänze der Rotzahnspitzmäuse einheitlich behaart sind. Letztere besitzen relativ grosse, deutlich aus dem Fell herausragende Ohren.

Rotzahnspitzmäuse kommen in Nordamerika, Europa und Asien vor. Sie können im feuchten und kalten Klima überleben. Bei uns findet man sie sogar noch im Bereich der Waldgrenze. Die Weisszahnspitzmäuse besiedeln auch Afrika und bevorzugen wärmere und trockenere Lebensräume. In den Alpen finden wir sie nur in tieferen Lagen.

Beachtliche Unterschiede bestehen auch hinsichtlich Fortpflanzung und Verhalten. Rotzahnspitzmäuse werden erst im Jahr nach der Geburt geschlechtsreif. Sie pflanzen sich nur während eines Sommers fort und sterben in der Regel noch im gleichen Herbst. Die Generationen sind also völlig getrennt. Rotzahnspitzmäuse leben meist einzelgängerisch und besitzen vor allem im Winter klar abgegrenzte Territorien. Weisszahnspitzmäuse werden noch im Jahr der Geburt geschlechtsreif, so dass die Generationen überlappen. Bei ihnen kann man übrigens auch die Karawanenbildung beobachten, bei der sich die Jungen im Fell der Mutter bzw. des «Vordermannes» festbeissen und so sicher geführt werden. Weisszahnspitzmäuse sind recht sozial. Die Familien überwintern im gleichen Territorium und sogar im Gemeinschaftsnest. Die Tragzeiten sind bei den beiden Spitzmausgruppen unterschiedlich und betragen 20–25 Tage für die Rotzahn- und 28–33 Tage für die Weisszahnspitzmäuse.

Natürlich besitzen alle Spitzmausarten neben dem Körperbau auch viele weitere Gemeinsamkeiten. (Ihre Lebensweise können wir uns nur schlecht vorstellen; dafür sind wir einfach zu gross oder die Spitzmäuse zu klein!) Die kleinste einheimische Art, die Gartenspitzmaus, wiegt ausgewachsen 3,5–5 g, die grösste, die Hausspitzmaus, rund 15 g. Spitzmäuse lieben Lebensräume mit guter Deckung und einem reichen Angebot an tierischer Beute. Hier patrouillieren sie durch das Dickicht des Pflanzenbewuchses, zwängen sich in jede Höhle und Nische und erkunden jede Ritze. Selber graben sie kaum. Sie orientieren sich auf ihren Beutezügen mit Hilfe des Geruchs- und des Tastsinnes sowie des Gehörs. Spitzmäuse sehen schlecht. Ihre Territorien markieren die Spitzmäuse mit Kot und Urin sowie mit den Sekreten ihrer verschiedenen Drüsen. Wegen des hohen Nahrungsbedarfes sind Spitzmäuse fast 24 Stunden unterwegs. Ihre Ruhepausen sind extrem kurz. Sie fressen als kleine Räuber alles, was sie an tierischer Beute überwältigen können: Käfer, Asseln, Regenwürmer, Schnecken, Wanzen. Regelmässig gehen sie auch an Aas.

Feinde haben die Spitzmäuse wenige. Die wichtigsten sind die Eulen. Viele Raubtiere töten vorbeihuschende Spitzmäuse, fressen sie aber nicht, weil die verschiedenen Drüsen einen sehr unappetitlichen Geruch verbreiten und die Spitzmäuse ungeniessbar machen. Trotz des geringen Feinddruckes ist das Leben der Spitzmäuse kurz. Nur etwa 40–50% werden sechs Monate alt, und nur 20–30% erreichen die Geschlechtsreife. Der ununterbrochen grosse Nahrungsbedarf und die Konkurrenz zwischen den Artgenossen erschweren den Spitzmäusen das Überleben.

Eine Art weicht in ihrer Lebensweise deutlich von den anderen ab: die Wasserspitzmaus. Sie lebt teils auf dem Land, teils im Wasser und sucht ihre Nahrung meist am Grunde von Bächen, Tümpeln und Teichen. Eifrig taucht sie nach Kleinkrebsen, überwältigt aber auch mal eine Elritze. An der Schwanzunterseite besitzt sie einen Schwimmborstensaum, mit dem sie geschickt durchs Wasser steuert. Auch die Zehen der Hinterfüsse besitzen Borstensäume. Dank dieser Oberflächenvergrösserung sind die Hinterfüsse wirkungsvolle Paddel.

Die Beziehungen zwischen den zahlreichen Spitzmäusen in unserer Landschaft und uns Menschen sind eigentlich gering. Nur die Hausspitzmaus, eine Art der tieferen, warmen Lagen, lebt regelmässig im Bereich der menschlichen Siedlungen. Andere Arten, wie die Sumpf- und Wasserspitzmaus, dringen im Winter gelegentlich in feuchte Keller oder alte Ställe ein. In allen Naturräumen sind die Spitzmäuse aber wichtige Glieder der Lebensgemeinschaften. Dies wird allzuoft übersehen.

Familie: Maulwürfe *Talpidae*

Maulwurf *Talpa europaea*
F: Taupe d'Europe   I: Talpa europea   R: Talpa europeica   E: European mole

In Gärten, auf Äckern und Wiesen stösst man regelmässig auf Erdhügel, welche vom Maulwurf stammen. Zu Gesicht bekommt man ihn selten. Seine Lebensweise kennen bei uns eigentlich nur Leute, welche ihm nachstellen, um den «Schädling» zu vernichten. Ausser ihm lebt von den Kleinsäugern auch die Schermaus *(Arvicola terrestris)* fast ausschliesslich im Boden. Diese beiden Arten werden oft verwechselt, obwohl der schwarze Maulwurf und die graubraune Schermaus zu ganz verschiedenen Säugetierordnungen, nämlich zu den Insektenfressern bzw. den Nagetieren gehören. Die Mundartausdrücke «Schär» oder «Schärmuus» werden an vielen Orten sehr unexakt gebraucht, nämlich für Schermaus und Maulwurf oder gar nur für den Maulwurf!

Das Leben unter der Erdoberfläche hat für den Maulwurf viele Vorteile. Hier hat er praktisch keine Feinde. Zudem gelangt er im Boden an ein grosses Nahrungsangebot, das ihm kaum jemand streitig macht. An seine unterirdische Lebensweise ist der Maulwurf hervorragend angepasst. Die Vorderfüsse sind als spezielle Grabwerkzeuge, richtige Grabschaufeln mit langen, platten Nägeln, ausgebildet. Sie werden von kräftigen Muskeln bewegt. Der lange, walzenförmige Körper, von dem der Kopf kaum abgesetzt ist, bietet beim Durchwühlen des Bodens wenig Widerstand. Dem samtigen Fell des Maulwurfs fehlt der Haarstrich. Die Haare können sich nach allen Richtungen legen. Dies erleichtert das Rückwärtsgehen in den Gängen. Die Behaarung ist sehr dicht. Auf einen Quadratmillimeter kommen über 200 Haare. So können weder Erdteilchen noch Wasser bis auf die Haut gelangen. Im Dauerdunkel der Gänge ist der Maulwurf auf spezielle Sinnesleistungen und Orientierungshilfen angewiesen. Ein ganz besonderes Organ

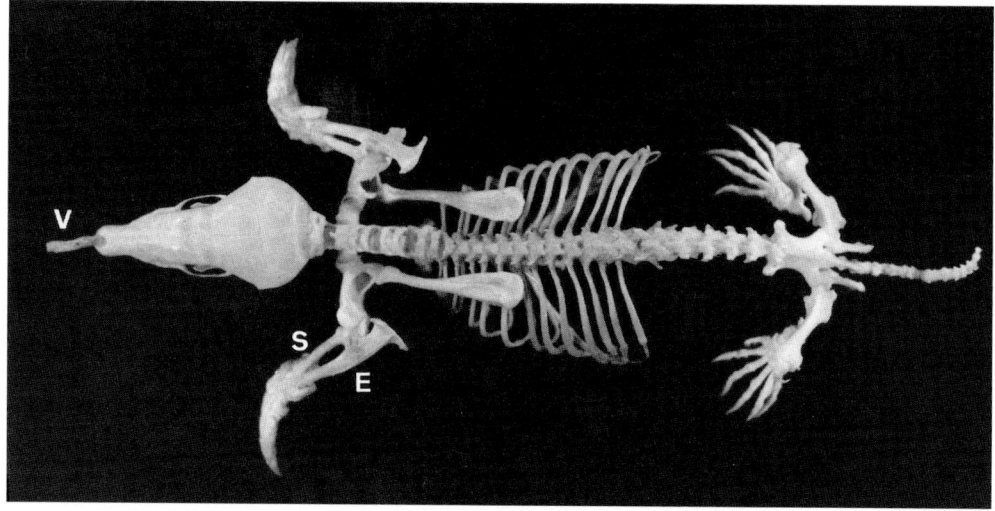

Maulwurfskelett
V: Vornasenbein, S: Speiche, E: Elle

ist der stark durchblutete Rüssel, mit dem der Maulwurf Temperaturunterschiede, Feuchtigkeit und Gerüche wahrnehmen kann. Der Geruchssinn ist für das Sozialverhalten von besonderer Bedeutung. Die Sekrete der vielen Duftdrüsen liefern den Artgenossen wichtige Informationen. Tasthaare befinden sich besonders am Rüssel, aber auch am übrigen Körper. Der Maulwurf besitzt keine Ohrmuscheln, hört aber trotzdem recht gut. Die Augen haben einen Durchmesser von nur wenigen Millimetern. Mit ihnen kann der Maulwurf kaum mehr als hell und dunkel unterscheiden. Für die Orientierung in den verzweigten Gangsystemen hilft ihm auch das hochentwickelte Raumerinnerungsvermögen.

Die Gangsysteme können bis zu 200 m, im Extremfall bis zu 400 m Gesamtlänge aufweisen. Normal messen sie etwa 40–60 m. Meist liegen sie 10–40 cm unter der Erdoberfläche. Trotz des unglücklichen deutschen Namens gräbt der Maulwurf die Gänge nicht mit dem Maul. Mullwurf, also «Erdwurf», sollte er richtigerweise heissen. Zum Graben setzt der Maulwurf die Vorderpfoten ein. Durch feines Erdreich bewegt er sich wie ein Brustschwimmer. Er bringt die Pfoten vor dem Kopf zusammen und schlägt sie dann nach hinten. Im festen Boden gräbt er nur mit einer Pfote, abwechslungsweise mit der rechten und der linken. Die losgescharrte Erde stemmt er von Zeit zu Zeit mit Hilfe einer Pfote und des Kopfes durch einen senkrechten Schacht an die Oberfläche. So entstehen gleichmässige, relativ hohe Haufen, die an kleine Vulkane erinnern. Das Zugangsloch liegt mitten unter dem Haufen. Die Nestkammern liegen unter besonders grossen Hügeln. Sie sind mit Blättern, Gras und Moos ausgepolstert. Man kann die Maulwurfshügel gut von jenen der Schermaus unterscheiden. Diese reisst die Erde mit den Nagezähnen los und scharrt sie mit den Füssen aus den Gangsystemen heraus. Sie ist nicht imstande, ganze Erdsäulen nach oben zu stemmen. Ihre Erdhaufen sind daher flacher und feinerdiger.

Der Maulwurf ernährt sich hauptsächlich von wirbellosen Tieren: von Regenwürmern, Insekten und ihren Larven, Tausendfüsslern und Schnecken. Es sind einerseits Tiere, welche in die Gänge fallen. Andrerseits verfolgt er seine Beute auch durch Graben im Erdboden. Das Gebiss des Maulwurfs sieht unter einer Lupe furchterregend aus. Es besteht aus 44 spitzen Zähnen, mit denen die Beute festgehalten und zerlegt wird. Je nach Lebensraum und Jahreszeit schwankt die Zusammensetzung der Nahrung sehr stark. Der Anteil der Regenwürmer kann zwischen 10 und 90% betragen. Der Maulwurf legt auch Regenwurm-Depots an. Damit die Würmer nicht wegkriechen können, beisst er ihnen den Kopflappen ab, in dem sich das Bewegungszentrum befindet. Maulwürfe haben wie Spitzmäuse einen grossen Nahrungsbedarf. Sie können kaum länger als einen Tag hungern. In der Regel gehen sie alle drei bis vier Stunden auf die Jagd und sind sowohl nacht- als auch tagaktiv.

Maulwürfe leben in sehr verschiedenen Lebensräumen, so etwa in lockeren Laubwäldern oder auf Wiesen, Weiden und Äckern. Sie meiden steinige, nasse und saure Böden. Maulwürfe kommen sogar oberhalb der Waldgrenze vor, wo sie in den Lägerfluren ein reiches Nahrungsangebot finden. Die intensive moderne Landwirtschaft macht ihnen das Leben schwer. Durch tiefes Umpflügen, Einschwemmen des Landes mit Gülle oder durch den Bodendruck der schweren Maschinen wird ihr Lebensraum empfindlich verändert. Die Schäden, welche die Maulwürfe in der Landwirtschaft anrichten, sind vergleichsweise gering. Als Insektenfresser vertilgen sie ja keine Pflanzenteile wie die Schermaus. Die recht grossen Haufen sind hingegen beim Mähen der Wiesen hinderlich. Ihretwegen können die Messerbalken der Mähmaschinen beschädigt werden. Beim maschinellen Eingrasen verschmutzen die Erdhaufen besonders bei Regenwetter das Futter. Durch die Bodenlockerung und das Fressen von Schädlingen wie den Engerlingen sind die Maulwürfe auch von direktem Nutzen. Daher sollte man bei ihrer Bekämpfung das vernünftige Mass nicht verlieren.

Im Gegensatz zu den Wühlmäusen ist die Bevölkerungsdichte gering. Pro Jahr wirft ein Weibchen in der Regel nur einmal Junge, welche nach einer Tragzeit von 4 Wochen geboren werden. Die Neugeborenen, 3–4 an der Zahl, sind etwa bohnengross, nackt und blind. Die Augen öffnen die Jungen im Alter von rund 25 Tagen. Sie werden während etwa 5 Wochen von der Mutter gesäugt. Mit 9–10 Wochen verlassen sie das Gangsystem der Mutter. Geschlechtsreif werden sie erst im nächsten Jahr. Wegen der relativ geringen Vermehrungsrate kommen bei den Maulwürfen keine Massenvermehrungen vor, wie man sie von den Wühlmäusen kennt.

Feinde hat der Maulwurf praktisch keine. Raubtiere erwischen ihn ja nur, wenn er an die Oberfläche kommt. Gross ist hingegen die Jugendsterblichkeit. Wenn sich die Jungtiere selbständig machen, gelingt es ihnen oft nicht, genügend Futter zu finden.

Blindmaulwurf *Talpa caeca*
F: Taupe aveugle   I: Talpa cieca   R: Talpa tschorva   E: Mediterranean mole

Diese Art ist mit dem gewöhnlichen Maulwurf sehr nahe verwandt und von ihm mit Sicherheit nur am Gebiss und am Schädel zu unterscheiden. Die Augenlider sind in der Regel verwachsen, so dass die Augen unter der Haut liegen. Die Schnauze ist etwas länger, die Grabhände sind schmäler. Füsse und Schwanz sind heller gefärbt. Seine Lebensweise unterscheidet sich nur wenig von jener des gewöhnlichen Maulwurfs.

In der Schweiz kommt der Blindmaulwurf nur südlich der Alpen vor. Sein Verbreitungsgebiet ist sehr unzusammenhängend. Man findet ihn auf der Iberischen Halbinsel, in Südfrankreich, Norditalien, im Gebiet des ehemaligen Jugoslawien, in Griechenland, Albanien sowie in Kleinasien und im Kaukasus.

Ordnung: FLEDERMÄUSE *CHIROPTERA*
F: Chauve-souris   I: Pipistrelli oder Chirotteri   R: Utschels mezmieur   E: Bats

Fledertiere sind die einzigen Säugetiere, die zu einem echten Flug befähigt sind. Breitet man einen Fledermausflügel aus, so erkennt man, dass die Vorderextremitäten zwar dem normalen Bauplan eines Säugetiervorderbeines entsprechen, aber der Oberarm kurz ist, beim Unterarm die Elle zurückgebildet und mit der Speiche beim Ellbogengelenk verwachsen ist. Auffallend ist die enorme Verlängerung des Unterarmes, der Mittelhand und der Fingerknochen. Der Daumen ist kurz, nicht in die Flughaut miteinbezogen und als einziger Finger mit einer Kralle versehen. Die Endglieder des dritten, vierten und fünften Fingers laufen in eine knorpelige Verlängerung aus, wodurch die nötige Elastizität beim Fluge gewährleistet wird. Die Flughaut ist eine feste, elastische Membrane, welche die Vorderextremitäten, Beine und bei den meisten Arten auch den

Schwanz miteinschliesst. Damit die Flughaut geschmeidig bleibt, wird sie regelmässig eingefettet. Zwischen dem Auge und der Nase befindet sich eine Drüse, die das ölige Sekret produziert. Die Beine werden nicht mehr primär zum Gehen gebraucht, sie sind vor allem Aufhängeorgan und Stütze der Flughaut. Die Beine sind um ihre Längsachse nach aussen gedreht, so dass das Knie nicht nach vorne, sondern seitlich nach aussen gerichtet ist. Die spitzen, kräftigen Krallen haken sich in die kleinsten Unebenheiten ein. Ähnlich wie die Zehen vieler Vögel sind auch diejenigen der Fledermäuse mit einer Sperrvorrichtung versehen. Das Öffnen der Krallen wird damit automatisch verhindert, solange die aufgehängte Fledermaus schläft und sich dabei die Muskeln entspannen. Der Brustkorb und die Wirbelsäule sind, im Zusammenhang mit dem Flugmechanismus und der starken Beanspruchung, speziell gebaut.

Die Fledermäuse sind in der Regel erst bei Dämmerung und nachts aktiv. Alle einheimischen Arten ernähren sich ausschliesslich von Arthropoden. Dank der Ultraschallorientierung können die Tiere auch in der finsteren Nacht fliegende Insekten ausfindig machen und fangen. Die Orientierung beruht auf dem Echolotprinzip, vergleichbar mit dem Radarsystem. Beim Jagdflug stossen die Tiere kurzwellige, hohe Töne aus, die von einem Hindernis oder dem Beutetier reflektiert werden. Das «Echo» wird von der Fledermaus mit den Ohren aufgefangen; Entfernung und Standort des Gegenstandes können so festgestellt werden. Die abgegebenen Töne liegen hauptsächlich im Ultraschallbereich (10–120 kHz) und sind für uns nur in den tieferen Frequenzen wahrnehmbar.

Eckzähne und Backenzähne sind spitz und scharf (Raubtiergebiss). Die gefangenen Insekten werden meist im Fluge zerkaut, oft aber auch an einem Ruheplatz verzehrt. Eine Fledermaus frisst in einer Nacht eine Menge, die rund einem Viertel ihres Körpergewichtes entspricht. Ein Abendsegler kann während eines Sommers bis zu 1,8 kg Insekten vertilgen.

Die Weibchen der meisten Fledermausarten sind vom August bis in den Frühling brünstig. Die Paarung findet im Winter, z.T. bis in den Frühling hinein statt. Der Samen wird im Uterus aufbewahrt, die Befruchtung des Eies erfolgt erst im Frühling nach der Winterruhe. Die trächtigen Weibchen versammeln sich an einem geschützten Ort und bilden dort die Wochenstubenkolonien. Die Dauer der Tragzeit hängt von den Temperaturbedingungen ab. Die normale Tragzeit dauert z.B. bei einem Abendsegler rund 10 Wochen, bei einer Wasserfledermaus etwa 6 Wochen. Die meisten Fledermausarten haben nur ein Junges, bei einigen Arten sind zwei Junge pro Wurf die Regel. Die Jungen sind bei der Geburt nackt und blind. Sofort nach der Geburt klettert das Junge am Bauch der Mutter empor und saugt sich an einer der achselständigen Zitzen fest. Das Junge wird nicht auf die Jagdflüge mitgenommen, es wird im Wochenstubenquartier zurückgelassen.

Fledermäuse sind eine formenreiche Tierordnung mit etwa tausend Arten, die in zwei Gruppen aufgeteilt werden:
1. **Grossfledertiere** *(Megachiroptera)*; sie sind vorwiegend Früchtefresser und kommen nur in den Tropen und Subtropen vor.
2. **Kleinfledertiere** *(Microchiroptera)*; sie haben ein unterschiedliches Nahrungsspektrum und sind weltweit verbreitet. In der Schweiz sind die Kleinfledertiere durch drei Familien (Hufeisennasen, Glattnasen, Buldoggfledermäuse) mit insgesamt 25 Arten vertreten. Artenliste vgl. Inhaltsverzeichnis.

Ausführliches über Biologie, Verhalten und Systematik in: «Unsere Fledermäuse» von J. Gebhard; Literatur: 10

Ordnung: HASENTIERE *LAGOMORPHA*

Familie: Hasen *Leporidae*

Früher waren die Hasen und Kaninchen systematisch bei den Nagetieren eingereiht, heute bilden sie im zoologischen System die Ordnung der Hasentiere. Im Gegensatz zu den eigentlichen Nagetieren *(Rodentia)* besitzen die Hasentiere im Oberkiefer nicht zwei, sondern vier Nagezähne: ein vorderes, grosses Paar und ein unmittelbar hinter diesem gelegenes kleines Paar. Die Familie der Hasen ist in Europa durch drei Formen vertreten: Feldhase, Schneehase und Wildkaninchen. Feld- und Schneehase sind nahe verwandt und gehören zur Gattung *Lepus*. Das Wildkaninchen ist die einzige Art der Gattung *Oryctolagus*. Es unterscheidet sich von den Hasen sowohl durch morphologische als auch durch biologische Eigenheiten. Kreuzungen zwischen Feldhasen und Schneehasen kommen vor, die Nachkommen sind aber nicht fortpflanzungsfähig. Kreuzungen zwischen Hasen und Kaninchen sind nicht möglich.

Unterschiede:

Feldhase
Gewicht: 4–6 kg
48 Chromosomen
Lange Ohren (Löffel)
Oberarm länger als Speiche
Elle und Speiche kräftig
Lauftier
Tragzeit: 42 Tage
1–4 Junge je Wurf
Neugeborene behaart und sehend
Nestflüchter

Wildkaninchen
Gewicht: 2–3 kg
44 Chromosomen
Kürzere Ohren
Oberarm kürzer als Speiche
Elle schwächer als Speiche
Grabtier
Tragzeit: 31 Tage
4–12 Junge je Wurf
Neugeborene nackt und blind
Nesthocker

Wildkaninchen *Oryctolagus cuniculus*
F: Lapin de garenne   I: Coniglio selvatico   R: Gunigl selvadi   E: European rabbit

Knochenfunde beweisen, dass das Wildkaninchen vor den Eiszeiten und während der Interglazialperioden in ganz Europa verbreitet war. Während der letzten Eiszeit zog sich die Population auf die Iberische Halbinsel zurück. Dort machten die Phönizier mit dem Wildkaninchen Bekanntschaft. Schon die Römer hielten Kaninchen in sogenannten Leporarien in Gefangenschaft, denn die Laurices (Embryonen und Neugeborene) waren ein Leckerbissen. Dank Verfrachtung durch den Menschen und aktiver Wanderung verwilderter Zuchtkaninchen entstand die heutige Verbreitung. Mit dem Überseehandel wurden Kaninchen in fernen Ländern eingebürgert und auf Inseln als «Notproviant» für Seefahrer ausgesetzt.

In der Schweiz gibt es nur in einigen wenigen Gegenden Wildkaninchen, so bei Genf, bei Sitten, im Tessin, bei Basel und die wohl bekannteste Kolonie auf der Petersinsel. Wildkaninchen sind zum Kulturfolger geworden und besiedeln Parkanlagen, Friedhöfe, Bahndämme und zum Ärger der Besitzer Gärten und Pflanzplätze (z.B. in Basel).

Das Wildkaninchen stellt besondere Ansprüche an seinen Lebensraum. Es ist eher ein «Steppenbewohner» und empfindlich gegen Feuchtigkeit und Wind. Es bevorzugt hügeliges Terrain mit Sand- oder Lehmboden, wo es seine Erdbaue graben kann.

Kaninchen sind sozial lebende Tiere. In einer Kolonie beherrschen ein «Platzrammler» die anderen Männchen und ein Weibchen die übrigen Weibchen. Die grossen Kolonien sind in kleinere Familieneinheiten von 8–10 Individuen unterteilt. Eine solche soziale Einheit setzt sich aus einem adulten Männchen, mehreren Weibchen und Jungtieren zusammen. Jede dieser Familiengruppen besitzt ein Revier, dessen Zentrum der Wohnbau darstellt. Dieser besteht aus einem unterirdischen Tunnelsystem, das sich aus Hauptröhre, Blindgängen und dem Kessel (Wohnbau) zusammensetzt. Feste Wechsel, die an bestimmten Stellen durch kleine Kothäufchen markiert werden, durchziehen das Revier. Der Kot ist mit dem Sekret der Analdrüse parfümiert. Unter dem Kinn liegt eine weitere Drüse, mit deren Sekret Gegenstände, Bäumchen usw. markiert werden. Kaninchen sind vorwiegend Dämmerungstiere, doch sind sie, wenn sie nicht gestört werden, auch tagsüber aktiv. Neben Krautpflanzen und Gräsern fressen die Tiere Rinde von verschiedenen Baumarten. Feldfrüchte und Gemüse sind sehr beliebt. Auch das Kaninchen hat eine «doppelte» Verdauung (siehe Feldhase).

Ein Kaninchenweibchen kann in einem Jahr drei- bis sechsmal Junge haben, wobei die Wurfgrösse 5–7 Tiere beträgt. Ein Neugeborenes wiegt 40–50 g. Nach acht Tagen sind die Jungen behaart, und am zehnten Tag öffnen sie die Augen. Nach drei Wochen verlassen sie den Bau. Die Geschlechtsreife tritt nach neun Monaten ein. Die trächtigen Weibchen graben sich, abseits des Wohnbaues, eine Satzröhre. Der Kessel wird mit Moos, Gras und Wollhaaren der Mutter ausgepolstert.

Mit einer Kaninchenplage, wie sie z.B. in Australien vorkommt, ist in der Schweiz nicht zu rechnen. Die Bodenqualität entspricht bei uns nur in wenigen Landesteilen den Anforderungen der Wildkaninchen, und sie gehen aus klimatischen Gründen kaum über 600 m Höhe. Ausserdem werden die Populationen von Zeit zu Zeit durch die Myxomatosekrankheit drastisch dezimiert. Die Myxomatose ist eine mit den Pocken verwandte Viruskrankheit. Der Hauptüberträger ist ein Floh *(Spilopsyllus caniculi)*. Die an Myxomatose erkrankten Tiere bekommen geschwollene Köpfe und werden blind und taub; der Tod tritt nach 11–14 Tagen ein. Feldhasen werden kaum von Myxomatose befallen.

Unsere Hauskaninchen stammen von Wildkaninchen ab. Die Sinnesleistungen sind bei den Hauskaninchen degeneriert. Das Hirngewicht ist 20% geringer als bei den Wildformen, und Dünn- und Dickdarm sind 50 cm kürzer.

Literatur: 5, 19

Feldhase *Lepus europaeus*
F: Lièvre brun   I: Lepre comune   R: Lieur brina   E: Brown hare

In den Märchen ist der Feldhase als «Meister Lampe» bekannt. Er war das Lieblingstier der germanischen Frühlings- und Fruchtbarkeitsgöttin Ostara (deshalb der Osterhase, der die Eier bringt, die als Zeichen der Fruchtbarkeit galten). Der Feldhase bewohnt praktisch alle Landschaften mit Heiden, Laubwald und Kulturland. Er kommt auch in höheren Gebirgslagen vor. Als Folge der vielen Rodungen hat sich das Verbreitungsgebiet des Feldhasen wesentlich vergrössert. Feldhasen sind sehr ortstreu. Hasen sind vorwiegend Nachttiere, doch trifft man sie auch tagsüber an. Das Lager (Sasse) besteht aus einer selbst ausgescharrten, flachen Mulde im Gestrüpp, in Gräben, Ackerfurchen oder auf freiem Feld. Bei wiederholtem Gebrauch wird die Sasse tief und lang. Der Hase schläft, entgegen früheren Behauptungen, mit geschlossenen Augen. Allerdings verhält er sich in seinem Lager im Wachzustand oft so ruhig, dass es den Anschein hat, als würde er schlafen.

Der Hase rückt, hoppelt oder flüchtet. Ein flüchtendes Tier kann bis zu 60 km pro Stunde erreichen. Ausserdem entkommt er Feinden durch sein bekanntes Hakenschlagen in vollem Lauf. Die grossen, seitlich gelegenen Augen vermitteln ein Blickfeld von 360°. Das räumliche Sehvermögen mit beiden Augen ist hingegen auf einen Winkel von 20° beschränkt. Die grossen Ohren (Löffel) und der feine Bau des Innenohrs lassen auf ein gutes Gehör schliessen. Feldhasen besitzen in der Aftergegend Duftdrüsen (Analdrüsen), die aus dem After vorgestülpt werden können. Die Männchen markieren damit ihr

Feldhase im Sprung

Territorium. Die Pigmentdrüse ist ein stecknadelkopfgrosses Drüsenorgan auf der Nase. Ihr Sekret wird wahrscheinlich auch zur Reviermarkierung verwendet. Das Wangenorgan ist ein Drüsenfeld in einer rinnenförmigen Einsenkung auf der Innenseite der Wangen. Der Duftstoff aus dieser Drüse dient wahrscheinlich zur Selbstparfümierung und wird auch vom Rammler (Männchen) mit den Pfoten auf die Häsin übertragen.

Hasen sind reine Pflanzenfresser und haben eine Vorliebe für saftige Kräuter. Im Winter fressen sie auch Knospen und Rinde von Sträuchern und Bäumen. Die Hasentiere haben einen besonderen Verdauungsvorgang. Im Blinddarm wird der schwerverdauliche Nahrungsbrei von Mikroorganismen fermentiert und während der Nacht als kleine Kugeln durch den Enddarm ausgeschieden. Diese feuchten, mit einer Schleimhülle umgebenen Kügelchen werden vom Tier direkt vom After weg aufgenommen und verschluckt. Am Morgen ist dann der halbe Magen damit gefüllt. Die Kügelchen werden ein zweites Mal verdaut und die Reste dann als eigentliche Kotballen ausgeschieden. Dieser ganze Verdauungsvorgang wird als Coecotrophie bezeichnet. Diese eigenartige «doppelte» Verdauung ist der Grund, weshalb die Hasenartigen im Alten Testament zu den Wiederkäuern gezählt wurden. Es ist aber kein echtes Wiederkäuen, sondern eine sogenannte Pseudorumination.

Die Häsin bringt ihre Jungen auf Wiesen oder in Kulturland zur Welt. Es wird kein Lager oder Nest hergerichtet. Die Tragzeit dauert 42 Tage. In der Zeit vom Februar bis September kann eine Häsin 3–4 Würfe haben. Die Satzgrösse ist im Frühling klein (1–2 Junge) und erreicht im Juni ihr Maximum (3–4 Junge). Die Neugeborenen sind Nestflüchter, d.h., sie kommen sehend und behaart zur Welt. Die Jungen werden 2–3 Wochen gesäugt, und zwar nur einmal im Tag. Die Verluste an Junghasen sind gross. Eine trächtige Häsin lässt sich unter Umständen 3–6 Tage vor der Geburt der Jungen wieder decken. Dieser Vorgang war schon im Altertum bekannt und wird als Superfötation bezeichnet.

Seit den fünfziger Jahren geht unser Feldhasenbestand zurück. Sicher hatten das Klima und Wetter der letzten Jahrzehnte sowie die Veränderung der Landschaft einen negativen Einfluss. In den intensiv landwirtschaftlich genutzten Gebieten verschwanden viele wichtige Futterpflanzen (sogenannte Unkräuter), so dass die Lebensbedingungen für den Feldhasen schlechter geworden sind.

Literatur: 19, 38

Schneehase *Lepus timidus*
F: Lièvre variable   I: Lepre bianca   R: Lieur delle nevi   E: Mountain hare

Der nordische Schneehase *(Lepus timidus timidus)* bewohnt das ganze nördliche Gebiet Eurasiens und Nordamerikas. In unseren Alpen lebt eine andere Unterart *(Lepus timidus varroni)*, die etwas kleiner ist. Diese Population in den Alpen ist ein Relikt aus der Eiszeit. Prähistorische Funde haben gezeigt, dass während der Eiszeiten der Schneehase das Flachland bewohnte.

Der Schneehase hat einen ähnlichen Körperbau wie der Feldhase. Der Kopf ist jedoch etwas runder, und die Ohren sind kürzer. Die Hinterfüsse sind grösser und die Zehen stark spreizbar. Die Füsse sind stärker behaart, die Trittsiegel im Schnee sind deshalb grösser als beim Feldhasen. Der Schneehase wechselt bekanntlich seine Fellfarbe. Im Sommer ist sein Fell graubraun, im Winter weiss. Die Ohrspitzen bleiben immer schwarz. Es handelt sich um einen normalen Haarwechsel, der durch verschiedene Umweltfaktoren ausgelöst werden kann. So muss die Temperatur mindestens auf 1 °C sinken, damit die Fellfarbe weiss wird. Liegt die Durchschnittstemperatur im Winter über 5 °C, so bleibt das Fell braun. Forscher haben festgestellt, dass die Lichtdauer einen Einfluss hat. Bei künstlich erzeugten Kurztagen von neun Stunden wechselten die Schneehasen die Fellfarbe von Braun auf Weiss. Bei künstlicher Langtagsbeleuchtung färbte sich das Fell wieder braun.

Das Weibchen hat in der Regel nur zweimal im Jahr Junge (kurzer Sommer), aber mehr Junge (2–6) pro Wurf als der Feldhase. In unseren Alpen lebt der Schneehase oberhalb 1300 m, im Sommer findet man ihn bis 3400 m. An seiner unteren Verbreitungsgrenze kommt er mit dem Feldhasen in Kontakt. Kreuzungen zwischen Feldhasen und Schneehasen sind bekannt.

Ordnung: NAGETIERE *RODENTIA*

Familie: Hörnchen *Sciuridae*

Alpenmurmeltier *Marmota marmota*
F: Marmotte des Alpes   I: Marmotta   R: Muntanella   E: Alpine marmot

Das «Murmeli» ist eines der beliebtesten und typischsten Alpentiere. Seine Vorfahren stammen überraschenderweise aus fernen Gebieten. Sie sind noch vor den grossen Eiszeiten aus Nordamerika eingewandert, als die Beringstrasse, die Meerenge zwischen Nordamerika und Eurasien, trocken lag. In Nordamerika und Eurasien leben heute nicht weniger als 13 Murmeltierarten. Mit einer Ausnahme sind sie Bewohner von grasreichen, baumlosen Landschaften, den Steppen.

Das Murmeltier ist heute im Alpenraum weit verbreitet. Sein wichtigster Lebensraum sind die Weiden oberhalb der Waldgrenze. Es fehlt nur an feuchten, flachgründigen und felsigen Standorten. Selbst in Höhen bis zu 2600 m ü.M. ist das Murmeltier noch häufig. Darüber sind dauerhafte Vorkommen selten. In den Alpen sind Nachweise unterhalb von 1400 m ü.M. spärlich. Die Murmeltiervorkommen im Jura gehen alle auf Aussetzungen zurück. Viele Bestände gedeihen hier schlecht und nur mit Hilfe regelmässiger Freilassungen von Tieren aus den Alpen.

Der Lebensraum des Murmeltieres ist arm an Deckung. Durch das Anlegen von Bauen schafft es sich selber Schutz vor der Witterung und den Feinden. Sein Körperbau zeigt viele Anpassungen an das Graben und an die unterirdische Lebensweise. Die kräftigen Vorderextremitäten tragen lange Grabklauen. An vielen Körperstellen sitzen Tasthaare. Diese dienen zur Orientierung im Dunkel der weitverzweigten Bau- und Gangsysteme. Die grossen Murmeltierbaue sind das Werk von Generationen. In den Bauen verbringen die Murmeltiere etwa 90% ihres Lebens, nämlich den sechs Monate dauernden Winterschlaf, die Nächte, Schlechtwetterphasen und Gefahrensituationen. Ausserhalb

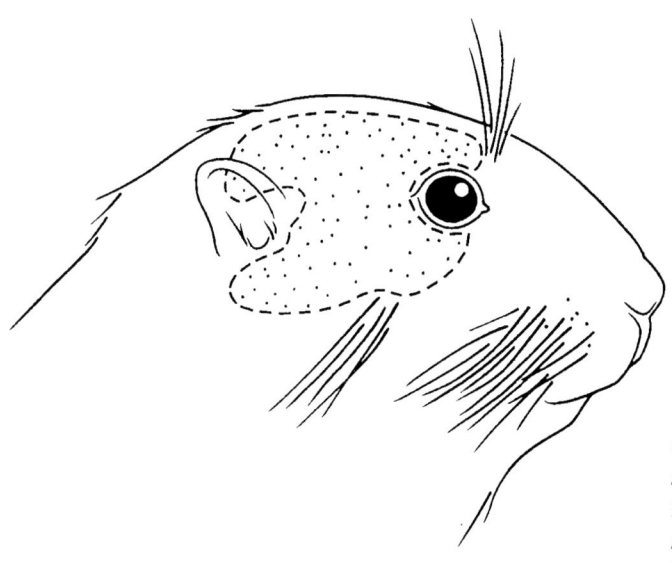

Die Wangendrüse des Murmeltiers, die aus vielen Einzeldrüsen besteht, dient zum Markieren des Territoriums. Sie liegt zwischen Auge und Ohr.

der Baue beschäftigen sich die Murmeltiere vor allem mit Sonnenbaden und Fressen. Wenn die Strahlung am intensivsten ist und sich die bodennahe Luftschicht stark erwärmt, ziehen sich die Murmeltiere in die Baue zurück.

Wie alle Pflanzenfresser müssen die Murmeltiere relativ viel Nahrung aufnehmen, nämlich etwa 1,5 kg pro Tag. Das Murmeltier bevorzugt nicht bestimmte Pflanzenarten, sondern frisst mit Vorliebe junge Triebe. Im alpinen Lebensraum steht nur während einer verhältnismässig kurzen Zeitspanne, nämlich von Mitte Mai bis Mitte August, frische Nahrung zur Verfügung. In dieser Phase müssen die Murmeltiere auch die Fettreserven für die Winterschlafperiode und für die futterknappe Zeit im Frühjahr anlegen. Sie können im Sommer rascher als andere Tiere Gewicht zulegen. Ihre Gewichtszunahme beträgt pro Tag etwa 25 g. Ende September sind die Murmeltiere extrem fett. Die Fettreserven können aber nur bis zum Frühsommer reichen, wenn die Murmeltiere haushälterisch mit ihnen umgehen. Im Frühjahr sind die Tiere stark abgemagert und haben mindestens 30% ihres Körpergewichtes verloren.

Das Phänomen des Winterschlafes beschäftigt die Forscher schon lange. Trotz zahlreicher Untersuchungen sind noch viele Fragen offen. Alle bisherigen Ergebnisse zeigen, dass der Winterschlaf ein komplizierter Vorgang ist, besonders was die Steuerung betrifft. Er tritt nicht einfach ein, weil die Tiere im Herbst in einen Erschöpfungszustand geraten. So kann man z.B. im Engadin Anfang Oktober auch an schönen und warmen Tagen nur ausnahmsweise Murmeltiere beobachten. Es ist noch nicht klar, ob die Tageslänge oder die Zusammensetzung der Nahrung oder andere Faktoren für das Auslösen des Winterschlafes verantwortlich sind. Bei winterschlafenden Tieren sind die Körpertemperatur, die Herz- und die Atmungsfrequenz stark reduziert. So sinkt der Sauerstoffverbrauch auf etwa einen Zwanzigstel des Normalzustandes. Die Tiere erwachen regelmässig 1–2mal pro Monat. Neueste Untersuchungen zeigen, dass die Murmeltiere den Winterschlaf in einer Gruppe verbringen. Bei ihrem regelmässigen Erwachen, oder wenn die Bautemperatur unter den Gefrierpunkt sinkt, wärmen sie sich synchron auf. Dies bringt vor allem den Jungtieren einen Vorteil, da sie dabei von der «Abwärme» der

Adulten profitieren können. Die Murmeltiere erwachen zeitig im Frühjahr, auch wenn noch grosse Teile des Lebensraumes mit Schnee bedeckt sind und weitere Schneefälle erwartet werden müssen.

Gleich nach dem Erwachen setzt in den Murmeltierkolonien reges Leben ein. Zuerst müssen die Sozialstrukturen erneuert und gefestigt werden. Murmeltiere leben in Familien, die im Frühjahr aus dem «Elternpaar» sowie den Jungtieren der Vorjahre bestehen. Für die Jungtiere ist es ja von Vorteil, wenn sie erst mit etwa drei Jahren selbständig werden und vor allem beim Überwintern noch vom Zusammenleben mit den Eltern profitieren. Die Familie besetzt ein Territorium, das insbesondere vom Männchen verteidigt wird und ihr einen sicheren Anteil an den wichtigsten Lebensgrundlagen wie Nahrung und Baue garantiert.

Unmittelbar nach dem Erwachen paaren sich die Murmeltiere. Die Weibchen werfen nach einer Tragzeit von 33–34 Tagen etwa Mitte Mai ihre Jungen. Bei der Geburt sind diese nackt, blind und zahnlos. Sie wiegen etwa 30 g. Dieses Geburtsgewicht müssen sie bis zum Beginn des Winterschlafes verfünfzigfachen, um eine Überlebenschance zu haben. Ein Wettlauf mit der Zeit beginnt! Etwa am 40. Tag verlassen sie erstmals den Bau. Sie wiegen bereits 250 g und tragen das graue Haarkleid der Kätzchen. Nach einer Säugezeit von rund sechs Wochen müssen sie sich dann ausschliesslich von Pflanzen ernähren.

Das Murmeltier ist heute im Alpenraum so häufig wie noch nie. Bis vor rund 50 Jahren wurde es vor allem wegen des Fettes, dem man eine grosse Heilwirkung zuschrieb, intensiv bejagt. Dies hat sich geändert. Zurzeit sind die Huftierbestände im Alpenraum hoch. Rothirsch, Reh, Gemse und Steinbock sind das interessantere Jagdwild. Die Bejagung hat nicht nur in der Schweiz, sondern in allen Alpenländern abgenommen. Dafür sind die natürlichen Feinde eher zahlreicher geworden. Ein Steinadlerpaar benötigt für sich und die Aufzucht eines Jungvogels in einem ganzen Sommer etwa 70 Murmeltiere. Obwohl der Steinadler in den letzten 50 Jahren stark zugenommen hat, haben sich parallel auch die Murmeltierbestände vermehrt. Unter natürlichen Bedingungen rotten Raubtiere ihre Beute nicht aus. Neben dem Steinadler erbeutet auch der Fuchs regelmässig Murmeltiere.

Das Murmeltier ist durch die touristischen Erschliessungen und Störungen in seinem Fortbestand nicht gefährdet. Es steht auf keiner Roten Liste der bedrohten Arten. Die Entwicklung muss aber sorgfältig beobachtet werden. Das Murmeltier ist eine der wichtigsten Arten im Ökosystem der Gebirgssteppe und verdient schon darum einen besonderen Schutz.

Literatur: 26

Eichhörnchen *Sciurus vulgaris*
F: Ecureuil d'Europe   I: Scoiattolo   R: Stgilat   E: Red squirrel

«Eichhörnchen kommen rot, schwarz und grau vor und werden, ehe man sie zubereitet, während dreier Tage an einem luftigen kühlen Ort aufgehängt zum Mürbewerden. Ihr Fleisch ist sehr zart und gilt als ein besonders beliebtes Gericht.» (Rezept aus der Basler Kochschule von A. Schneider, 1912.) In der Tat gibt es bei uns rötliche, dunkelbraune und schwärzlich gefärbte Tiere. Die Ursachen dieser Farbvariationen sind noch nicht genau bekannt. Auffallend sind die Ohrpinsel, die im Winter besonders lang sind. Charakteristisch ist der buschige Schwanz. Er hat dem Eichhörnchen zum wissenschaftlichen Namen *Sciurus* verholfen, der aus dem Griechischen kommt und «Schattenschwanz» bedeutet. Der Schwanz dient dem Eichhörnchen beim Klettern als Balancierstange, beim Springen von Ast zu Ast als Steuer und Bremse, beim Paarungsspiel als optisches Signal. Die Hinterbeine sind relativ lang und muskulös. Die langen scharfen Krallen haken sich gut in die Baumrinde ein, und die Tiere können sogar am rauhen Verputz einer Hausmauer emporklettern.

Sciurus vulgaris hat innerhalb Eurasiens ein grosses Verbreitungsgebiet. Bei uns findet man Eichhörnchen vom Flachland bis zur alpinen Baumgrenze, sofern die nötigen Baumbestände vorhanden sind. Bäume liefern den Hauptanteil der Nahrung, die je nach Angebot und Jahreszeit unterschiedlich ist (Fichten- und Föhrenzapfen, Bucheckern, Sprosse, Eicheln, Haselnüsse). Wichtig ist das Alter der Nadelbäume, da die Zapfen erst nach 10–20 Jahren und nicht jedes Jahr produziert werden. Die Zapfen der Nadelhölzer werden vom Eichhorn gepflückt und auf dem Baum gefressen. Der Zapfen wird mit beiden Händen gehalten. Am stumpfen Ende beginnend, entfernt das Tier die holzigen Deckschuppen, um die Samen freizulegen. Am oberen Ende des Zapfens bleiben stets einige intakte Schuppen. Abgenagte Zapfen und viele Deckschuppen am Boden verraten die Anwesenheit der Eichhörnchen. Von Mäusen benagte Zapfen sind sauberer und bis ans obere Ende abgefressen. Beim Öffnen von Nüssen spielt die Erfahrung eine Rolle. Die voll beherrschte Öffnungstechnik besteht im Sprengen der Nüsse in zwei Schalenhälften. Bei unvollkommen geöffneten Nüssen kann das Tier mit den beiden unteren Schneidezähnen den Inhalt herausholen. Die beiden Unterkiefer sind beim Eichhorn gegeneinander beweglich, so dass die unteren Schneidezähne wie eine Pinzette gebraucht werden können. Der Anteil der Nahrung, die am Boden genommen wird, ist gering (Pilze, Früchte, Käfer, Ameisenpuppen). Eichhörnchen legen im Herbst Nahrungsvorräte an.

Als anpassungsfähige Art ist das Eichhörnchen zum Kulturfolger geworden. Man begegnet ihm mitten in den Städten, in Parkanlagen und Gärten. Als ausgesprochener Baumbewohner meidet es baumlose Flächen. Muss es dennoch eine brache Fläche überqueren, so dient ihm jeder allein stehende Baum als Station. Stammabwärts klettert das Eichhorn kopfvoran und hakt sich mit den Krallen der rückwärts ausgestreckten Hinterbeine in die Rinde ein. Sprünge von 4–5 m von einem Baum zum anderen sind keine Seltenheit.

Das Nest, Kobel genannt, bildet das Zentrum in einem Eichhornrevier. Die Reviergrösse beträgt etwa 10 ha für das Männchen und rund 5 ha für das Weibchen. Der Kobel ist kugelförmig, er wird in Astgabeln von Laub- und Nadelhölzern gebaut. Sein äusserer Durchmesser beträgt 20–50 cm. Ein etwa 5 cm weites Schlupfloch führt seitlich in den Innenraum. Der äussere Teil des Kobels wird aus Zweigen des betreffenden Baumes gebaut, die innere Nestkugel besteht aus Baumbast und Gras. In Eichhornrevieren findet man oft Äste, die mit übriggebliebenen Bastfetzen behangen sind. Der Bast wird vom Eichhorn in langen Streifen abgelöst, mit den Vorderpfoten zu einem rundlichen Transportballen geformt und im Mund zum Nest getragen. Sind in Kulturlandschaften keine geeigneten Bäume vorhanden, nisten die Tiere in Starenkästen, auf Fensternischen und in Dachgiebeln. Für den Ausbau des Nestes wird dann auch anderes Material wie Heu, Wolle, Nylongewebe usw. verwendet werden.

Nest (Kobel) eines Eichhörnchens

Eichhörnchen leben als Einzelgänger und haben wenig Kontakt mit ihren Artgenossen. Während der Paarungszeit März bis Juni flieht das Weibchen zuerst vor dem Männchen, wobei es während einiger Tage zu wilden Verfolgungsjagden durch die Baumkronen kommt. Schliesslich lässt sich das Weibchen in seinem Hauptnest begatten, vertreibt dann aber das Männchen aus seinem Kobel. Die Tragzeit dauert 38 Tage. Jüngere Weibchen werfen einmal im Jahr 2–3 Junge, ältere oft zweimal im Jahr 3–6 Junge. Geburten können schon Ende Februar stattfinden. Die Jungen kommen blind und nackt zur Welt, es sind typische Nesthocker. Sie wiegen 8–12 g und öffnen nach 30 Tagen die Augen. Erst nach 10–12 Wochen ernähren sich die Jungen selbständig.

Literatur: 11

Burunduk *Tamias sibiricus*

F: Ecureuil strié   I: Borunduk   R: Stgilat sdrimà   E: Siberian chipmink

Der Burunduk ist ein recht kleines, tagaktives Hörnchen (Kopf-Rumpf-Länge 12–17 cm, Schwanz 8–11 cm, Gewicht 60–120 g). Der Körper ist graubraun, hinten rötlich gefärbt. Typisch sind die fünf dunkelbraunen Längsstreifen über dem Körper, der Bauch ist weiss. Der graue Schwanz ist stark behaart. Der Burunduk ist Bodenbewohner, klettert aber sehr gut.

Das natürliche Verbreitungsgebiet umfasst die bewaldeten Gebiete im Norden Eurasiens. In einigen mitteleuropäischen Ländern leben kleine Populationen, die auf entlaufene Tiere zurückgehen, welche von Privatpersonen gehalten wurden. In der Schweiz gibt es seit rund 20 Jahren eine Population in den Parkanlagen am rechten Seeufer in Genf. Sporadisch treten Burunduks auch in anderen Gegenden der Schweiz auf.

Familie: Biber *Castoridae*

Europäischer Biber *Castor fiber*
F: Castor d'Europe   I: Castoro europeo   R: Castur   E: European beaver

Der Biber bewohnte einst ausgedehnte Gebiete in Nordamerika *(Castor canadensis)* und in Eurasien *(Castor fiber)*. Der Mensch hat aus verschiedenen Gründen dem Biber nachgestellt und seine Bestände drastisch dezimiert. Vor allem war sein dichtes Fell begehrt. Das Castoreum, das Produkt der Bibergeildrüse, spielte in der Volksmedizin eine grosse Rolle. Biberfleisch durfte auch während der Fastenzeit gegessen werden. Er galt damals als Fischräuber. Die Verfolgung hat der europäische Biber nur in einigen Restarealen überlebt: am Unterlauf der Rhone, an der mittleren Elbe, in Südnorwegen und in Osteuropa. In der Schweiz wurde dieses grösste Nagetier Europas bereits Anfang des 19. Jahrhunderts ausgerottet. Viele Ortsbezeichnungen erinnern daran, dass der Biber bei uns einst ein häufiges und populäres Tier war (Biberbrugg, Biberäuli, Biberstein u.a.). Zwischen 1956 und 1977 wurden in mehreren Fliessgewässern in der Schweiz Biber wieder angesiedelt. Viele Aussetzungsorte waren leider ungeeignet und die Verluste erheblich. Trotzdem haben Tiere in einigen günstigen Biotopen überlebt und Nachkommen hervorgebracht. Der Bestand in der Schweiz wird derzeit auf rund 350 Tiere geschätzt.

Wie alle semiaquatisch lebenden Säugetiere hat auch der Biber ein dichtes Fell. Die langen Grannenhaare bedecken die darunter liegenden Wollhaare und speichern Luft im Pelz, damit die Haut nicht nass werden kann. Der Schwanz ist das «Markenzeichen» des Bibers. Er bildet eine flache, ovale «Kelle» (30 cm lang, 15 cm breit), schuppenartig und nur mit wenigen Haaren versehen. Der Schwanz ist Wärmeregulator, Fettpolster

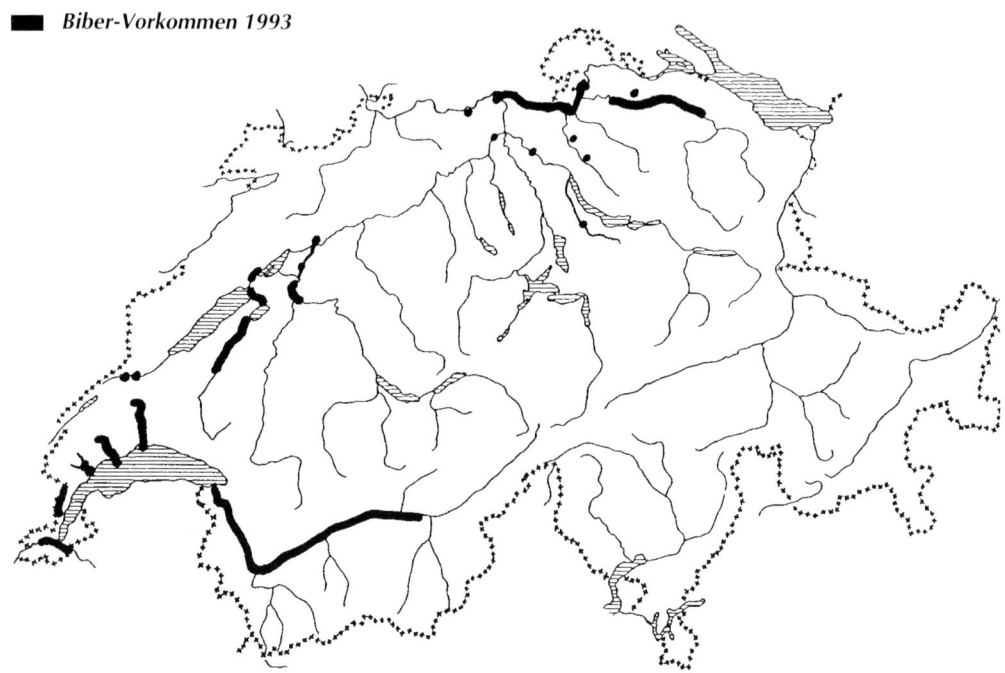

■ *Biber-Vorkommen 1993*

und Steuerruder. Biber haben kleine Augen, und ihr Sehvermögen ist beschränkt. Nasenöffnung und Gehörgang können während des Tauchens verschlossen werden. Die Vorderfüsse haben fünf Finger mit Krallen, die grösseren Hinterfüsse sind mit Schwimmhäuten versehen. Die zweite Zehe des Hinterfusses besitzt eine Doppelkralle (Putzkralle) zur Reinigung des Felles. Biber erreichen ein Körpergewicht von 25–30 kg. Äusserlich kann man Männchen und Weibchen nicht unterscheiden. Weibchen sind nur während der Säugezeit an den zwei Paar gut sichtbaren Zitzen zu erkennen.

Der Biber ist wie die Bisamratte ein semiaquatisches Säugetier, das die Uferzone bewohnt. Das Wasser dient den Bibern als Navigationsweg. Ideale Biotope sind Talauen im Flachland mit langsam fliessenden oder stehenden Gewässern mit einem Wasserstand von mindestens 60 cm. Wichtig ist eine reiche Gliederung der Landschaft: abwechslungsreicher Verlauf der Flüsse mit Inseln, Still- und Altwasser oder ruhige Buchten in Seen. Als gute Nahrungsgrundlage müssen die Ufer ausgedehnte Weichholzbestände mit Weiden aufweisen. Wichtig ist auch das Vorhandensein von Naturwiesen und Ufern mit Krautpflanzen, die während des Sommers gefressen werden. In unserer Kulturlandschaft suchen die Biber auch nahe am Ufer gelegene Mais-, Zuckerrüben-

Von Bibern gefällter und benagter Baumstamm

und Weizenfelder auf, deren Produkte zum Verzehren ans Ufer geschleppt werden. Die Tiere entfernen sich jedoch selten mehr als 20 m vom Ufer. Teich- und Seerosen sowie andere Wasserpflanzen ergänzen den Speisezettel. Im Herbst und im Winter ernähren sich die Biber hauptsächlich von Rinde verschiedener Baumarten, wobei Weichhölzer bevorzugt werden. Das auffälligste in einem Biberrevier sind die gefällten Bäume und die benagten, entrindeten Äste. Bäume werden in 50–80 cm Höhe benagt, wobei oft die typische «Sanduhrform» entsteht, bis der Stamm schliesslich umfällt. Das Holz dient nicht nur als Nahrung, sondern es werden damit auch die Burgen und Dämme gebaut.

Den zentralen Punkt in einem Biberrevier bildet das Heim. In natürlichen, steilen Uferböschungen legt der Biber einen unterirdischen Bau an, dessen Eingang unter dem Wasserspiegel liegt. Die Wohnkammer im Ufer befindet sich über dem Wasserspiegel. Kommt der Biber beim Graben zu nahe unter die Erdoberfläche, so kann die Decke der Wohnkammer einstürzen. Auch der Mensch oder Landwirtschaftsmaschinen können solche Einstürze verursachen. Der Biber repariert dann den Schaden, indem er das entstandene Loch mit Ästen und Holz abdichtet. Es entsteht ein sogenannter Mittelbau. An flachen Ufern und in Sumpfgebieten errichtet der Biber die bekannte Burg aus Holzprügeln, die er oft zusätzlich mit Lehm und Schlick abdichtet. Auch bei der Burg liegen der Eingang unter Wasser und die Wohnkammer über dem Wasserspiegel. Bei uns sind Burgen selten, da die Fliessgewässer nur wenige, seichte oder sumpfige Flachufer aufweisen. Biber sind bekannt für den Bau von Dämmen, die sie aus Prügeln und Ästen kunstvoll herstellen. Sie dienen zur Regulierung des Wasserstandes. Bei uns bauen die Biber selten Dämme; unsere Flüsse eignen sich wenig dazu. Der längste Damm, den wir fanden, mass 4–5 m. Je nach Nahrungsangebot am Fliessgewässer erstreckt sich ein Biberrevier über 400 m bis 3 km Flussstrecke. Das Revier wird mit dem Sekret der Bibergeildrüse markiert, deren Ausfuhrgang in die Pseudokloake mündet.

Biber halten keinen Winterschlaf. Sie leben in Einehe, und ihre Gruppenstruktur basiert auf der Familieneinheit. Im Idealfall setzt sich eine Familie aus den Eltern, den Jungen des Vorjahres und den Neugeborenen zusammen. Im zweiten Lebensjahr werden die Jungtiere ausgestossen und müssen ein eigenes Revier gründen. In der Schweiz sind heute die meisten günstigen Biberbiotope besetzt, und die Jungtiere haben es schwer, neue, geeignete Biotope zu finden.

Literatur: 3, 8, 31, 32

Familie: Schläfer oder Bilche *Gliridae*

Erkennen kann man die Bilche an ihren langen, dichtbehaarten oder buschigen Schwänzen. Ihre Ohren sind relativ gross und abgerundet. Die Backenzähne zeigen ein typisches Muster mit deutlichen Querrillen oder «Ribbelmarken». Die Bilche halten einen Winterschlaf. Zusammengerollt, den buschigen Schwanz wie eine Decke über die Nase gezogen, verschlafen sie die kalte Jahreszeit in einem geeigneten Versteck. Bilche sind hervorragende Kletterer. Sie leben meist in Wäldern und Hecken und dringen vor allem im Herbst auch in Gebäude ein. Bilche sind vorwiegend nachtaktiv.

Siebenschläfer *Glis glis*
F: Loir   I: Ghiro   R: Durmigliet grisch   E: Fat dormouse

Der Siebenschläfer ist der grösste einheimische Bilch. Das Fell ist auf der Oberseite grau, auf der Unterseite weiss. Das Auge ist von einem schmalen, dunklen Ring umrandet. Die Ohren sind rund. Der Schwanz ist auf der ganzen Länge buschig behaart. In Europa ist der Siebenschläfer weit verbreitet. In der Schweiz lebt er vorwiegend in tieferen Lagen. Bis etwa 1200 m ü.M. reicht sein Vorkommen in den Nordalpen, bis gegen 1500 m ü.M. in der Südschweiz. Er bevorzugt unterholzreiche Laub- und Mischwälder mit Eichen, Buchen, Hainbuchen, Edelkastanien oder Kirschen. Geschlossene Nadelwälder werden gemieden. Gerne lebt er in halboffenen Parklandschaften, Obst- und Weingärten. Entscheidend ist das Vorhandensein von sicheren Tagesverstecken wie Baumhöhlen oder Nistkästen. Als Kulturfolger lebt er häufig in verlassenen oder auch bewohnten Gebäuden. Hier begegnet man dem Siebenschläfer im Herbst oft auf der Suche nach einem Winterquartier. Zu dieser Zeit sind die Tiere dick und fett. Beobachtungen in Gefangenschaft haben gezeigt, dass die Bilche in den letzten Wochen vor dem Winterschlaf besonders schnell an Gewicht zulegen, weil ihr Stoffwechsel ganz auf Re-

Siebenschläfer

servebildung eingestellt ist. Der Winterschlaf dauert wirklich sieben Monate. Er wird gelegentlich unterbrochen. Nach dem Erwachen aus dem Winterschlaf setzt die Fortpflanzung ein. Meist werfen die Siebenschläfer nur einmal pro Jahr. Die Tragzeit beträgt rund einen Monat. Pro Wurf kommen 4–6 Junge zur Welt, die nach etwa zwei Monaten selbständig sind. Geschlechtsreif werden sie erst nach dem ersten Winter.

Siebenschläferbestände sind starken Schwankungen unterworfen. In kühlen, regnerischen Sommern überleben nur wenige Jungtiere. Wenn im Herbst nur spärlich Nahrung vorhanden ist, weil die Buchen oder Eichen wenig Frucht tragen, können die Schläfer nur geringe Fettreserven anlegen. Die Wintersterblichkeit ist dementsprechend hoch. Feinde wie der Baummarder, der Waldkauz oder der Uhu spielen für die Bestandesregulation eine geringere Rolle.

Dem Menschen werden die Siebenschläfer manchmal lästig, wenn sie in Gebäuden an Vorräten und Einrichtungen Schäden anrichten. Es gibt nur zwei Möglichkeiten, das Problem zu lösen: Entweder fängt man die unliebsamen Gäste mit einer Falle, oder man entscheidet sich, einander für immer zu dulden!

Übrigens war das Fleisch der Siebenschläfer lange Zeit eine begehrte Delikatesse. Schon im alten Rom wurden sie in Gehegen oder irdenen Töpfen gezüchtet und gemästet, wie Varro (118–27 v. Chr.) berichtet.

Gartenschläfer *Eliomys quercinus*
F: Lérot   I: Quercino   R: Durmigliet giagl   E: Garden dormouse

Wegen seiner markanten Gesichtszeichnung wirkt der Gartenschläfer im Vergleich zu anderen Nagetieren sehr farbig. Ein schwarzer Streifen reicht von der Lippe bis hinter das Ohr. Er fasst auch das Auge ein. Die Oberseite der Schnauze ist rotbraun gefärbt. Die bräunliche Körperoberseite ist von der milchweisen Unterseite scharf abgesetzt. Auffallend gross sind die Ohren. Der Schwanz ist nicht auf der ganzen Länge buschig behaart. Nur der hintere Teil ist mit einer schwarzweissen Endquaste geschmückt.

Der Gartenschläfer ist in Europa weit verbreitet. Man findet ihn in Tieflagen, aber erstaunlich häufig auch im Gebirge, wo er bis zur Waldgrenze hinauf vorkommt. Er besiedelt gerne Nadel- und Mischwälder mit felsigem und steinigem Untergrund. Im Vergleich zu den anderen Bilchen ist er ein ausgesprochener Bodenbewohner, der sich gerne in Nischen und Spalten versteckt. Regelmässig dringt er auch in menschliche Behausungen ein.

Seine Lebensweise entspricht in mancher Hinsicht jener des Siebenschläfers, doch gibt es auch deutliche Unterschiede. Der Siebenschläfer bevorzugt pflanzliche Nahrung wie Blätter, Knospen, Rinde, Früchte sowie Samen und nimmt nur gelegentlich tierische Nahrung zu sich. Beim Gartenschläfer dagegen steht tierische Nahrung an erster Stelle. Mit Vorliebe frisst er Insekten, Spinnen, Tausendfüssler, Schnecken und kleine Wirbeltiere, daneben aber auch Samen, Obst, Beeren, Knospen und Blüten.

Baumschläfer *Dryomys nitedula*
F: Lérotin   I: Driomio   R: Durmigliet tirolais   E: Forest dormouse

In der Schweiz tritt der Baumschläfer nur im Unterengadin auf. Dies ist sein westlichstes Vorkommen. Seine Hauptverbreitung liegt in Südosteuropa. Er ist dem Gartenschläfer hinsichtlich Aussehen und Lebensweise recht ähnlich. Der Baumschläfer ist aber ein wenig kleiner. Seine Färbung ist unauffälliger. Der schwarze Streifen im Gesicht reicht nur bis unter das Ohr. Die rotbraune Schnauzenfärbung fehlt. Der Schwanz ist auf der ganzen Länge gleichmässig behaart.

Die Unterengadiner Tiere gehören zur Unterart des Tiroler Baumschläfers. Die Unterschiede gegenüber den anderen Unterarten in bezug auf die Färbung und die Körpermasse sind relativ gering und nur von Fachleuten feststellbar. Die Ansprüche an den Lebensraum sind je nach Vorkommen recht verschieden. Der Tiroler Baumschläfer ist eine Gebirgsform und besiedelt Höhenlagen zwischen 500 und 1600 m ü.M.

Haselmaus *Muscardinus avellanarius*
F: Muscardin   I: Moscardino   R: Mieur calancra, Muscardin   E: Dormouse

Dieser Bilch ist viel kleiner als seine Verwandten und nur etwa so gross wie eine Hausmaus. Sein Fell ist gelbbraun bis fuchsrot gefärbt. Er hat keinerlei schwarze Zeichnungen im Gesicht. Der Schwanz ist weniger buschig, aber wie bei allen Bilchen dicht behaart. In der Schweiz kommt die Haselmaus vorwiegend in tieferen Lagen vor. Sie lebt beispielsweise in ehemaligen Holzschlägen mit viel Unterwuchs (Brombeeren), an stufigen Waldrändern und in Hecken. Sie klettert sehr gut und hat die Tendenz, bei Gefahr nach oben zu fliehen. Sie baut zwei Typen von Nestern. Die kugeligen Sommernester aus trockenem Gras und Laub werden in Höhlungen, aber auch frei stehend in Büsche und niedere Bäume gebaut. Die Winternester werden am Boden in der Laubstreu, zwischen Wurzeln oder an Baumstrünken angelegt. Beim Winterschlaf sind alle Lebensfunktionen auf ein Minimum gedrosselt. Die Körpertemperatur liegt wenig über dem Gefrierpunkt. Nur rund alle 10 Minuten erfolgt ein Atemzug. So kann der Energiebedarf auf ein absolutes Minimum gesenkt werden.

Familie: Wühlmäuse *Arvicolidae*

Das offene Grasland ist der typische Lebensraum der Wühlmäuse, an den sie sich hervorragend angepasst haben. Hier ist die natürliche Deckung spärlich. Durch das Anlegen von Bauen und Wechseln schaffen sich die Wühlmäuse selber Schutz vor der Witterung und den Feinden. Mit ihrem gedrungenen, walzenförmigen Körper und den kurzen Beinchen huschen sie geschickt durch das Labyrinth der unterirdischen Gänge. Ein wichtiges Merkmal ist der kurze Schwanz, der niemals wie bei den anderen Mäusen die Länge des übrigen Körpers erreicht oder länger ist. Die Augen sind klein, die Ohren kurz. Im Dauerdunkel orientieren sich die Wühlmäuse vor allem mit ihrem hervorragenden Geruchssinn. Ihre Nahrung besteht fast ausschliesslich aus Pflanzen. Zur Nahrungs-

Bisamratte

suche wagen sich die Wühlmäuse vorsichtig an die Erdoberfläche. Die meisten Arten verlassen ihre Wechselsysteme nur sehr ungern. Hastig wird die Nahrung mit den Schneidezähnen abgebissen. Zum Zerreiben der Nahrung werden die Backenzähne mit den Schmelzprismen wie Raspeln eingesetzt.

Zu den typischen Vertretern der Gruppe gehören die Schermaus, die Feldmaus, die Schneemaus, die Erdmaus und die Kleinwühlmaus. Eine deutlich abweichende Lebensweise zeigt die grössere Bisamratte.

Bisamratte *Ondatra zibethicus*
F: Rat musqué   I: Ondatra   R: Ratun bisam   E: Muskrat

Die Heimat der Bisamratte ist Nordamerika, wo sie als Pelzlieferant eine wichtige Rolle spielt und deshalb auch in Farmen gehalten wird. 1905 brachte Fürst Colloredo-Mannsfeld einige Bisamratten aus Alaska nach Europa und setzte sie auf seinem Schlossgut bei Prag in zwei Teichen aus. Von dort aus eroberten Nachkommen dieser Tiere in kurzer Zeit weite Gebiete Osteuropas. In Frankreich wurden Bisame in Farmen gehalten. 1928 entkamen 500 Exemplare aus einer Farm bei Leval (Dép. Belfort). Nachkommen dieser Tiere erreichten 1935 die Schweiz bei Boncourt (JU) und bei Basel. In den folgenden Jahren wurde die Ajoie bis zum Jurakamm besiedelt, welcher eine natürliche Barriere darstellt. Von Basel aus wanderten sie rheinaufwärts und drangen in Nebenflüsse im Baselland und im Aargau ein und besiedeln seit 1980 die Ostschweiz. Ausserdem überqueren Tiere aus Populationen in Württemberg (D) den Bodensee und drangen auch ins Rheintal vor. Eine weitere Ausbreitung in der Schweiz ist durchaus möglich.

Die Bisamratte ist der grösste Vertreter unserer Wühlmäuse. In der Schweiz erreichen beide Geschlechter eine Kopf-Rumpf-Länge von rund 27 cm, der Schwanz misst im Mittel 23–27 cm, das Gewicht schwankt zwischen 600 und 1300 g. Ihre Gestalt ist gut an das Wasserleben angepasst. Der Kopf ist kurz, breit und flach, der Hals kaum profiliert. Die Ohrmuscheln sind klein, und der Gehörgang kann durch eine Hautfalte abgedichtet werden. Ein Nasenknorpel verschliesst beim Tauchen die Nasenhöhle. Die dichten, grauen Wollhaare des Pelzes wirken als Isolationsschicht. Die längeren Grannenhaare geben dem Tier eine Färbung in verschiedenen Brauntönen. Der Schwanz ist schuppenartig, nur mit wenigen Haaren besetzt und seitlich abgeplattet. Die Vorderbeine sind kurz, und die fünf Finger tragen Krallen, welche beim Graben gebraucht werden. Die wesentlich längeren Hinterfüsse (68 mm Länge) dienen vor allem dem Antrieb beim Schwimmen. Borstenkämme, die sich seitlich an den fünf Zehen befinden, vergrössern zusätzlich die Ruderfläche des Fusses. An Land bewegt sich die Bisamratte unbeholfen, hingegen ist sie ein eleganter und guter Schwimmer und kann 1,5–5 km/h zurücklegen.

Bisamratten sind ans Wasser gebunden, können aber auch Wanderungen über Land unternehmen. Sie bevorzugen Seen und Teiche mit Binsen oder Schilf oder langsam fliessende Gewässer mit natürlichen Ufern. Die pflanzliche Kost überwiegt und besteht unter anderem aus Wurzeln, Stengeln und Trieben von Wasserpflanzen (Binsen, Schilf, Kalmus, Riedgräser, See- und Teichrosen). Es werden aber auch Wiesenpflanzen, Obst und Gemüse genommen. Entgegen landläufigen Meinungen werden keine Wirbeltiere und keine Vogeleier verzehrt. Hingegen frisst der Bisam Flusskrebse, Muscheln (*Anadonta, Unio*) und Wasserschnecken.

Die Bisamratte baut zwei Arten von Wohnungen: Burgen und Erdbaue. Im seichten Wasser wird aus Schilf und Binsen in Ufernähe die halbkugelförmige Burg gebaut, deren Höhe rund 1 m und deren Durchmesser bis zu 2 m beträgt. Im Innern der Burg be-

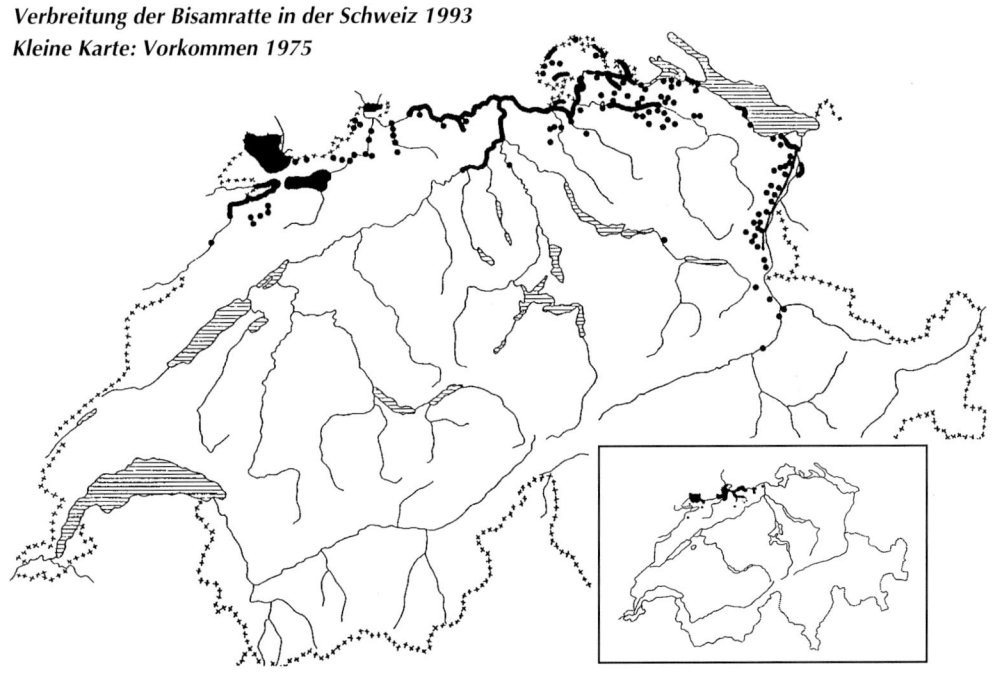

Verbreitung der Bisamratte in der Schweiz 1993
Kleine Karte: Vorkommen 1975

findet sich die Wohnkammer, welche stets über dem Wasserspiegel liegt, aber durch einen Eingang unter Wasser erreicht werden kann. Wir haben bei uns relativ wenig Biotope, die sich für einen Burgenbau eignen. Die Erdbaue werden in die natürlichen Uferböschungen gegraben, wobei auch hier die Eingänge unter dem Wasserspiegel liegen. Mit diesen Erdbauen, die bei grosser Populationsdichte mehrere Wohnkessel und ausgedehnte Gangsysteme aufweisen, können die Bisamratten Uferböschungen und Dämme unterminieren und zum Einsturz bringen. Dies ist der Grund, weshalb auch bei uns diesen Tieren nachgestellt wird.

Bisamratten sind vorwiegend dämmerungs- und nachtaktiv, man kann sie aber gelegentlich auch tagsüber umherschwimmen sehen. Bisamratten halten keinen Winterschlaf. Ist ein Gewässer zugefroren, so brechen die Tiere ein Loch in die Eisdecke.

Die Fortpflanzungsperiode dauert in der Schweiz von April bis September. In dieser Zeit sind 2–3 Würfe mit je 6–8 Jungen möglich. Die Tragzeit dauert 28–30 Tage. Hohe Nestlingssterblichkeit und Krankheiten haben zur Folge, dass lange nicht alle Jungtiere das adulte Alter erreichen. Auch bei Adulten kann die Sterberate bis 50% betragen. Die Lebensdauer wird mit rund drei Jahren angegeben. Bisame sind sesshaft, unternehmen aber im Frühling und im Herbst Wanderungen. Die Reviergrössen sind vom Futterangebot und der Siedlungsdichte abhängig und umfassen in einem See 3000–5500 m^2. An Fliessgewässern erstreckt sich das Revier vom Wohnbau aus etwa 150 m flussauf- und flussabwärts. In einem Bisamrevier findet man typische Fressplätze mit Nahrungsresten. Charakteristisch sind auch die Kotstellen. Frischer Kot besteht aus 2–2,5 cm langen, bohnenförmigen Ballen, alter Kot ist breiig und zerfliesst. Die Losung wird auf exponierten Gegenständen im oder am Wasser deponiert (Baumstämme, Steine, Pflanzenpolster). Bisamratten leben mit anderen semiaquatischen Säugetieren in demselben Biotop (z.B. Biber, Wasserspitzmaus). Als Feinde kommen bei uns karnivore Säugetiere und Raubvögel in Betracht sowie Hauskatzen und Hunde.

Literatur: 17, 36

Rötelmaus *Clethrionomys glareolus*
F: Campagnol roussâtre   I: Arvicola rossastra   R: Mieur-sfuigna cotschna
E: Bank vole

Innerhalb der einheimischen Wühlmäuse nimmt die Rötelmaus eine Sonderstellung ein. Ihr Lebensraum sind Wälder verschiedenster Ausprägung und Gebüsche. Man findet sie von den Auen der Tieflagen bis hinauf zu den Alpenrosenfeldern oberhalb der Waldgrenze. In der Schweiz ist sie eine der häufigsten Kleinsäugerarten überhaupt. Im Gegensatz zu den anderen Wühlmäusen hält sich die Rötelmaus an der Erdoberfläche nicht streng an die Wechsel. Sie turnt geschickt über Asthaufen, Wurzelstöcke und andere Hindernisse. Auffallend sind ihre deutlich aus dem Fell herausragenden Ohren und die rötliche Rückenfärbung. Die Rötelmaus frisst Blätter und Stengel, im Herbst und Winter auch Samen und Beeren, gelegentlich Moose, Pilze und wirbellose Tiere.

Ostschermaus *Arvicola terrestris*
F: Campagnol terrestre   I: Arvicola terrestre, Ratto d'acqua   R: Mieurun
E: Ground vole

Abgesehen von der Bisamratte ist die Schermaus mit Abstand die grösste einheimische Wühlmaus. Im Tessin lebt die ans Wasser gebundene, etwas dunklere Form. Sie kommt vorwiegend entlang von Kanälen und anderen Gewässern vor. Nördlich der Alpen findet man die Schermaus meist fernab von Gewässern. Auf Wiesen und Feldern, in Gärten und Pflanzungen legt sie ausgedehnte Gangsysteme von bis zu 40 m Länge an. Mit einiger Erfahrung kann man die Hügel der Schermaus von den Maulwurfshaufen unterscheiden (vgl. S. 14). Die Schermaus lockert die Erde mit den Nagezähnen und scharrt sie mit den Füssen zu den Auswurfstellen. Dadurch entstehen flache, feinerdige Hügel. Diese liegen nicht über, sondern seitlich der Hauptachse des Gangsystems.

Die Schermaus verlässt ihre Baue nur ungern. Sie findet unter der Erdoberfläche viel Nahrung, vor allem Wurzeln und Knollen. Regelmässig zieht sie auch grüne Pflanzenteile in ihre Gänge hinunter. Dabei entfernt sie sich kaum von den Ausschlupflöchern. Wenn eine geschlossene Schneedecke liegt, bewegt sie sich gerne zwischen Schnee und Boden. Im Frühling wird die entlang der Gänge aufgeschichtete Erde in Form kleiner Erdwälle sichtbar.

Die Bauern betrachten die Schermaus als Schädling und stellen ihr nach. Durch das Aufwerfen von Haufen behindert sie die Gras- und Heuernte. In Gärten und Obstkulturen kann die Schermaus durch das Benagen von Wurzeln einen erheblichen Schaden anrichten. In Jahren mit Massenentwicklungen zerstört sie die Grasnarbe. Trotz ihrer unterirdischen Lebensweise hat die Schermaus einige Feinde, vor allem das Mauswiesel und das Hermelin. Das kleine Mauswiesel kann ihr bis in die Baue folgen. Die Vermehrungsrate der Schermaus ist sehr gross. Sie wirft pro Jahr 3–4mal Junge, jeweilen 4–5 an der Zahl. Die Jungen werden im Alter von zwei bis drei Monaten geschlechtsreif. Wenn die Bestände recht hoch sind und in milden Wintern die Fortpflanzung kaum unterbrochen wird, können eigentliche Massenentwicklungen mit Dichten von bis zu 1000 Tieren pro Hektar auftreten. Dies ist in der Regel im Rhythmus von sieben Jahren der Fall. In dieser Situation können die kleinen Raubtiere vom riesigen Beuteangebot profitieren. Sie sind aber nicht in der Lage, die übergrossen Bestände zu regulieren. Nahrungsmangel, Stress und ungünstige Witterung lassen die Mäusepopulationen wieder zusammenbrechen.

Feldmaus *Microtus arvalis*
F: Campagnol des champs   I: Arvicola campestre   R: Mieur-sfuigna champestra
E: Common vole

Die sichere Unterscheidung der Feldmaus von der Erdmaus und den Kleinwühlmäusen ist nur am Gebiss möglich. Von diesen Arten ist die Feldmaus am weitesten verbreitet. Sie bevorzugt offenes Gelände mit niedrigem Pflanzenwuchs. Nördlich der Alpen findet man sie von den Wiesen der Tieflagen bis hinauf zu den Alpweiden. Im Süden sind ihre Vorkommen spärlich. Die Feldmaus legt einfache unterirdische Bausysteme an. Das Auswurfmaterial verstreut sie im Bereich der Eingänge. Dies hat eine Düngung und damit eine Veränderung der Pflanzendecke in der Umgebung der Baue zur Folge. Häufig verlässt die Feldmaus die unterirdischen Gänge auch am Tag. Auf der Erdoberfläche legt sie Wechsel an, die oft kleine Rinnen bilden. Auf ihnen ist sie vor den vielen Feinden einigermassen geschützt. Wegen ihrer weiten Verbreitung und ihrer grossen Vermehrungsrate bildet die Feldmaus für viele Tierarten von der Kreuzotter über den Graureiher bis zum Rotfuchs eine wichtige Nahrungsgrundlage.

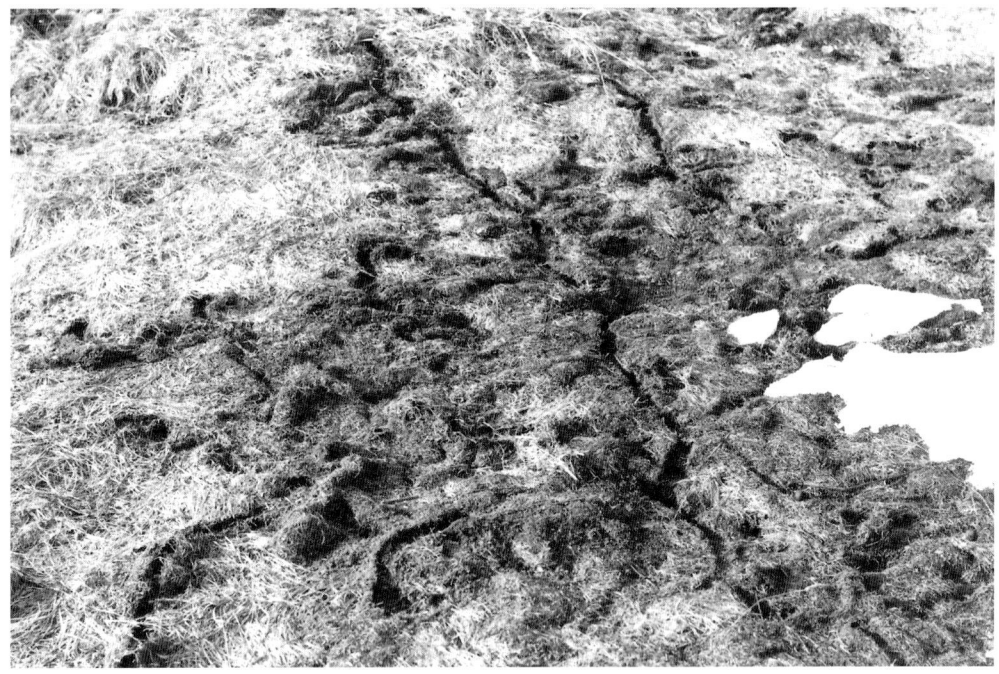

Feldmausgänge im Gras an der Erdoberfläche nach der Schneeschmelze

Erdmaus *Microtus agrestis*

F: Campagnol agreste   I: Arvicola agreste   R: Mieur-sfuigna pailusa   E: Field vole

Lebende Erdmäuse und Feldmäuse sind schwer zu unterscheiden. Insgesamt sieht die etwas grössere und dunklere Erdmaus mit ihrem längeren Fell struppiger aus. Stark behaart sind auch die Ohren, selbst das Innere der Ohrmuschel. Erstaunlich ist, dass man die Erdmaus mit einiger Übung an der Stimme erkennen kann. Ihr vielsilbiges Zetern, das sie bei Gefahr ausstösst, ist unverkennbar! Die Erdmaus bevorzugt Stellen mit feuchtem Boden und dichtem Pflanzenbewuchs, in dem sie zusätzlich zum unterirdischen Gangsystem ausgedehnte Wechsel anlegt. Die Erdmaus ist ein reiner Pflanzenfresser. In der Schweiz lebt sie nach den bisherigen Erkenntnissen nördlich der Alpen und im Engadin.

Schneemaus *Microtus nivalis (Chionomys nivalis)*
F: Campagnol des neiges   I: Arvicola delle nevi   R: Mieur-sfuigna sblatga
E: Snow vole

Felsen-, Stein- oder Klettermaus müsste sie heissen, denn die Schneemaus lebt in zerklüfteten Felspartien, in Block- und Schutthalden. Hier turnt sie mit Hilfe der grossen Fussschwielen und des langen Schwanzes, der zum Balancieren dient, geschickt durch das Spaltenlabyrinth. Ihre Anpassung ist so perfekt, dass sie in diesem Lebensraum keine Konkurrenten hat. Extrem lange Tasthaare dienen zur Orientierung im Dunkeln. Wahrscheinlich besitzt die Schneemaus auch besondere Gehirnstrukturen, welche ihre Bewegungen in diesem dreidimensionalen Raum steuern. Lebensräume, die der Schneemaus zusagen, sind im Gebirge häufig. Sie ist im schweizerischen Alpenraum weit verbreitet und kommt vor allem oberhalb der Waldgrenze vor. Die Schneemaus ist ein reiner Pflanzenfresser.

Ihr weiches Fell ist auf dem Rücken hellgrau, am Bauch gräulichweiss gefärbt. Trotz ihres Namens wird die Schneemaus auch im Winter nicht weiss! Wie alle Kleinsäuger profitiert sie von einer stabilen Schneedecke, denn diese gewährt Schutz vor Kälte und Wind, aber auch vor den vielen Feinden.

Der Bergwanderer kann gelegentlich Schneemäuse beobachten. Diese zeigen kaum Scheu vor dem Menschen. Sie dringen regelmässig in Alp- und Berghütten ein.

Kleinwühlmäuse (Gattung *Pitymys*)

Kleinwühlmaus *Pitymys subterraneus*
F: Campagnol souterrain   I: Arvicola sotteranea   R: Mieur-sfuigna pitschna
E: Earth vole

Fatio-Kleinwühlmaus *Pitymys multiplex*
F: Campagnol de Fatio   I: Arvicola di Fatio   R: Mieur-sfuigna da Fatio
E: Fatio's pine vole

Savi-Kleinwühlmaus *Pitymys savii*
F: Campagnol de Savi   I: Arvicola di Savi   R: Mieur-sfuigna da Savi
E: Savi's pine vole

Kleine Augen, kleine Ohren und kurze Schwänze sind typische Merkmale aller Wühlmäuse. Bei den Kleinwühlmäusen sind sie besonders ausgeprägt. In der Schweiz sind die Kleinwühlmäuse mit drei Arten vertreten. Von den übrigen Wühlmäusen unterscheiden sie sich durch das Vorhandensein von 5 anstatt 6 Schwielen an den Hinterfusssohlen und durch maximal 6 anstatt 8 Zitzen. Kleinwühlmäuse legen dicht unter der Oberfläche Gangsysteme mit vielen Öffnungen an. Sie fressen Blätter, Stengel, Früchte und Samen.

Die Kleinwühlmaus ist in Europa weit verbreitet. In der Schweiz lebt sie vor allem in der Bergregion. Seltener nachgewiesen wurde bisher die Fatio-Kleinwühlmaus. Nur im südlichsten Tessin wurde die Savi-Kleinwühlmaus beobachtet.

Familie: Mäuse oder Langschwanzmäuse *Muridae*

Grosse Augen und Ohren, kräftige Hinterfüsse und lange Schwänze kennzeichnen diese Mäusegruppe. Sie klettern geschickt und besitzen meist eine beachtliche Sprungkraft. Der Ausdruck «flink wie eine Maus» trifft auf sie am besten zu. Ihre Lebensräume sind Wälder, Hecken und Gebäude. Vor allem in der Nacht verlassen sie ihre Verstecke, die meist im Boden liegen. Sie halten sich weniger an feste Wechsel als die Wühlmäuse und erkunden eher einmal Neuland. Trotz ihrer hervorragenden Sinnesorgane fallen sie immer wieder den vielen Feinden, die ihnen überall auflauern, zum Opfer.

Die Backenzähne der Langschwanzmäuse besitzen typische Höcker. Viele Arten aus dieser Gruppe sind Allesfresser, welche neben Sämereien regelmässig auch tierische Nahrung zu sich nehmen.

Wanderratte *Rattus norvegicus*
F: Rat brun, Surmulot   I: Ratto delle chiaviche   R: Ratto d. chiaviche
E: Brown rat, Norway rat

Kein Nagetier besitzt wohl einen schlechteren Ruf als die Wanderratte. Der lange, dicke, wenig behaarte Schwanz ekelt viele Leute an! Zudem lebt die Wanderratte gern in den Kloaken und Abwassersystemen der Städte und ist als Krankheitsüberträger verschrien. In der Wahl der Nahrung ist sie als Allesfresser nicht eben zimperlich. Auf jeden Fall ist die Wanderratte eine sehr erfolgreiche Art. Sie ist asiatischen Ursprungs und hat bei ihrer Ausbreitung nach Westen im 19. Jahrhundert auch die Schweiz erreicht. Heute kommt sie auf allen Kontinenten vor. Die Wanderratte ist anpassungs- und lernfähig. Sie lebt in wohlgeordneten Sozialverbänden, die unter der Führung eines dominanten Männchens stehen. Ihre Vermehrungsrate ist enorm hoch. Im Alter von zwei Monaten sind Wanderratten schon geschlechtsreif. Ein Weibchen wirft pro Jahr etwa fünfmal Junge. Pro Wurf werden 5–10 Jungtiere geboren. Die Wanderratte zieht eiweiss- und stärkereiche Nahrung dem Futter mit viel Ballaststoffen vor. In der Schweiz lebt die Wanderratte fast ausschliesslich im Bereich menschlicher Siedlungen, vorausgesetzt, dass Wasser gut erreichbar ist. Sie klettert ungern, schwimmt und gräbt aber gut. In Europa hat sie die kleinere Hausratte aus vielen Gebieten verdrängt. Die Wanderratte ist deutlich grösser als die Hausratte. Sie besitzt eine stumpfere Schnauze sowie relativ kleine, kaum behaarte Ohren.

Der Schwanz der Wanderratte ist kürzer als der Körper. Das Fell ist graubraun bis rotbraun, bei der Hausratte fast immer schwarz. Alle Laborratten – auch die weissen und gescheckten – stammen von der Wanderratte ab.

Dachsbau

Zwergmausnest

Murmeltierbau

Biberburg

Grosse Hufeisennase

Braunes Langohr

Grosses Mausohr im Flug

Grosses Mausohr, trächtige Weibchen

Sumpfspitzmaus

Hausspitzmaus

Alpenspitzmaus

Igel mit Jungen

Hermelin

Iltis

Steinmarder

Baummarder

42

Jungfüchse

Fuchs

Dachs

Luchse

Rötelmaus mit Jungen

Zwergmaus

Alpenwaldmaus

Feldmaus

Schneehase

Gartenschläfer

Biber

Haselmaus

Steinbock

Gemse

Rothirsch

Rehbock

Hausratte *Rattus rattus*
F: Rat noir   I: Ratto nero   R: Ratto nero   E: Black rat, house rat

Ein äusserst geschickter Kletterer ist die Hausratte, welche praktisch aus dem Stand über 1,5 m hoch springt. Entsprechend ihren Kletter- und Balancierfähigkeiten besiedelt sie gerne die oberen Stockwerke von Gebäuden, wie Dachböden und Abstellkammern. Auch sie ist asiatischen Ursprungs, erreichte aber schon zur Römerzeit Europa. Von hier ist die «Schiffsratte», welche über die Ankertaue leicht auf die Hochseeschiffe kletterte, in die Häfen der ganzen Welt verfrachtet worden.

In der Schweiz hat sie offensichtlich Mühe, sich gegen die stärkere Wanderratte zu behaupten. Mit der heutigen Bauweise werden geeignete Rattenbiotope immer seltener. Ratten sind als Überträger von Krankheiten gefürchtet. Tatsächlich leistete die Hausratte einen grossen Beitrag zur Verbreitung der Pest, weil ihre Flöhe das Pestbakterium auf den Menschen übertrugen.

Hausmaus *Mus musculus (Mus domesticus)*
F: Souris grise   I: Topolino delle case   R: Mieur grischa   E: House mouse

Bis zur Mitte dieses Jahrhunderts kannten die Menschen keine Maus so gut wie die kleine graue Hausmaus. Heute ist es in der Schweiz gar nicht leicht, eine lebende Hausmaus zu finden, obwohl sie früher in allen menschlichen Siedlungen der tieferen Lagen lebte. Die gute alte Zeit ist auch für die Hausmaus vorbei! Ursprünglich bewohnte sie trockene Steppen von Nordwestafrika und Spanien bis nach Ostasien. Mit der Ausbreitung des Getreidebaus erreichte sie auch Mitteleuropa. Später wurde sie mit Schiffsladungen in alle Erdteile verschleppt. Im relativ feuchten Mitteleuropa kann die Steppenbewohnerin nur in menschlichen Siedlungen überleben. Die moderne Bauweise mit Betonmauern und kompakten Holzkonstruktionen, der starke Schwund an privaten Vorratshaltungen und viele weitere Veränderungen sind für ihren Rückgang verantwortlich. Wenn die Hausmaus in Scheunen, Kellern und Dachböden ein einigermassen ungestörtes Zuhause findet, kann sie sich stark vermehren. Die Fortpflanzung dauert oft auch den Winter über an. Ein Weibchen wirft vier- bis sechsmal im Jahr Junge. Meist sind es 5–8 Wurfgeschwister. Hausmäuse leben in Familienverbänden, die aus einem erwachsenen Männchen, mehreren Weibchen sowie den Halbwüchsigen und Nestjungen bestehen. Alle Labormäuse, die besonders in der medizinischen Forschung von grosser Bedeutung sind, stammen von der Hausmaus ab. Bei den Zuchtmäusen treten viele Farbvarianten auf. Verwechseln kann man die Hausmaus am ehesten mit den Waldmäusen, die im Herbst ebenfalls gerne in menschliche Behausungen eindringen. Die Waldmäuse haben grössere Augen und Ohren und längere Hinterfüsse. Die Hausmaus ist oberseits bleigrau bis braungrau gefärbt. Die Bauchseite ist etwas heller. Lokal kommen auch schwarze Tiere vor. Die Waldmäuse sind auf der Oberseite gelblich bis rötlichbraun gefärbt. Die helle bis weisse Unterseite ist deutlich abgesetzt.

Waldmäuse (Gattung *Apodemus*)

Waldmaus *Apodemus sylvaticus*
F: Mulot sylvestre   I: Topo selvatico   R: Mieur da guaud   E: Wood mouse

Gelbhalsmaus *Apodemus flavicollis*
F: Mulot fauve   I: Topo selvatico collo giallo   R: Mieur sbavetta
E: Yellow-necked field mouse

Alpenwaldmaus *Apodemus alpicola*
F: Mulot alpestre   I: Topo selvatico alpino   R: Mieur da guaud alpina
E: Alpine mouse

Die Unterscheidung von Waldmäusen der Gattung *Apodemus* von der Hausmaus bereitet keine Schwierigkeiten. Hingegen ist es recht anspruchsvoll, die eigentliche Waldmaus von der Gelbhalsmaus und der Alpenwaldmaus zu unterscheiden. Vor allem die Bestimmung von Jungtieren, die noch nicht voll ausgefärbt sind, bereitet Kopfzerbrechen. Alle wissenschaftlichen Untersuchungen haben deutlich gezeigt, dass es sich um drei klar voneinander abgegrenzte Arten handelt. Die Waldmaus ist die kleinste der drei. Sehr variabel ist bei allen Arten die Kehlzeichnung. Bei der Waldmaus bildet sie einen kleineren oder grösseren Fleck, der manchmal sogar fehlt. Ein durchgehendes Halsband kommt nie vor. Der Schwanz ist in der Regel etwas kürzer als der übrige Körper. Bei der etwas grösseren Gelbhalsmaus besitzen fast alle Tiere ein durchgehendes Halsband, manchmal ist es auch nur ein breiter Fleck. Auffällig ist die praktisch weisse Unterseite, die gegen den gelbbraunen Rücken scharf abgegrenzt ist. Der Schwanz ist etwas länger als der Körper. Sehr lang ist der Schwanz bei der Alpenwaldmaus, die erst seit wenigen Jahren als eigene Art anerkannt wird. Die sichere Artbestimmung kann allerdings nur mit biochemischen Methoden erbracht werden!

Alle drei Arten besiedeln Wälder und Hecken. Am häufigsten im offenen Gelände ist die Waldmaus. Die Alpenwaldmaus lebt in höheren Lagen. Die Waldmausarten bewegen sich am Boden extrem schnell fort und klettern geschickt. Die nachtaktiven Tiere entfernen sich weit von ihren Bauen. Sie fressen vorwiegend Samen, nehmen aber gelegentlich auch wirbellose Tiere, besonders Insektenlarven, zu sich.

Etwa dreimal im Jahr werfen die Weibchen. Die mittlere Wurfgrösse liegt bei etwa fünf Jungen. Bestandesschwankungen wie bei den Wühlmäusen treten nicht auf. Wichtigste Feinde sind neben den Raubsäugern die Eulen.

Zwergmaus *Micromys minutus*
F: Souris des moissons   I: Topolino delle risaie   R: Mieur pitschna   E: Harvest mouse

Das kleinste einheimische Nagetier ist in der Schweiz bisher nur selten und ausschliesslich in tiefen Lagen nachgewiesen worden. Offenbar fehlen die geeigneten Lebensräume. Die Zwergmaus hält sich an Orten mit dichtem Pflanzenbewuchs wie Hochgras- oder Schilfbeständen auf. Das goldbraune Tierchen mit der weissen Unterseite ist ein ausgesprochener Kletterer, das sich mit dem langen, nackten Schwanz festhalten kann. Obwohl die Zwergmaus auch tagaktiv ist, bekommt man sie selten zu Gesicht. Am ehesten entdeckt man die kugelförmigen Nester, welche aus Gras und Getreideblättern geflochten werden und zwischen den Halmen hängen. Die Nahrung der Zwergmaus besteht aus Getreidekörnern und Grassamen.

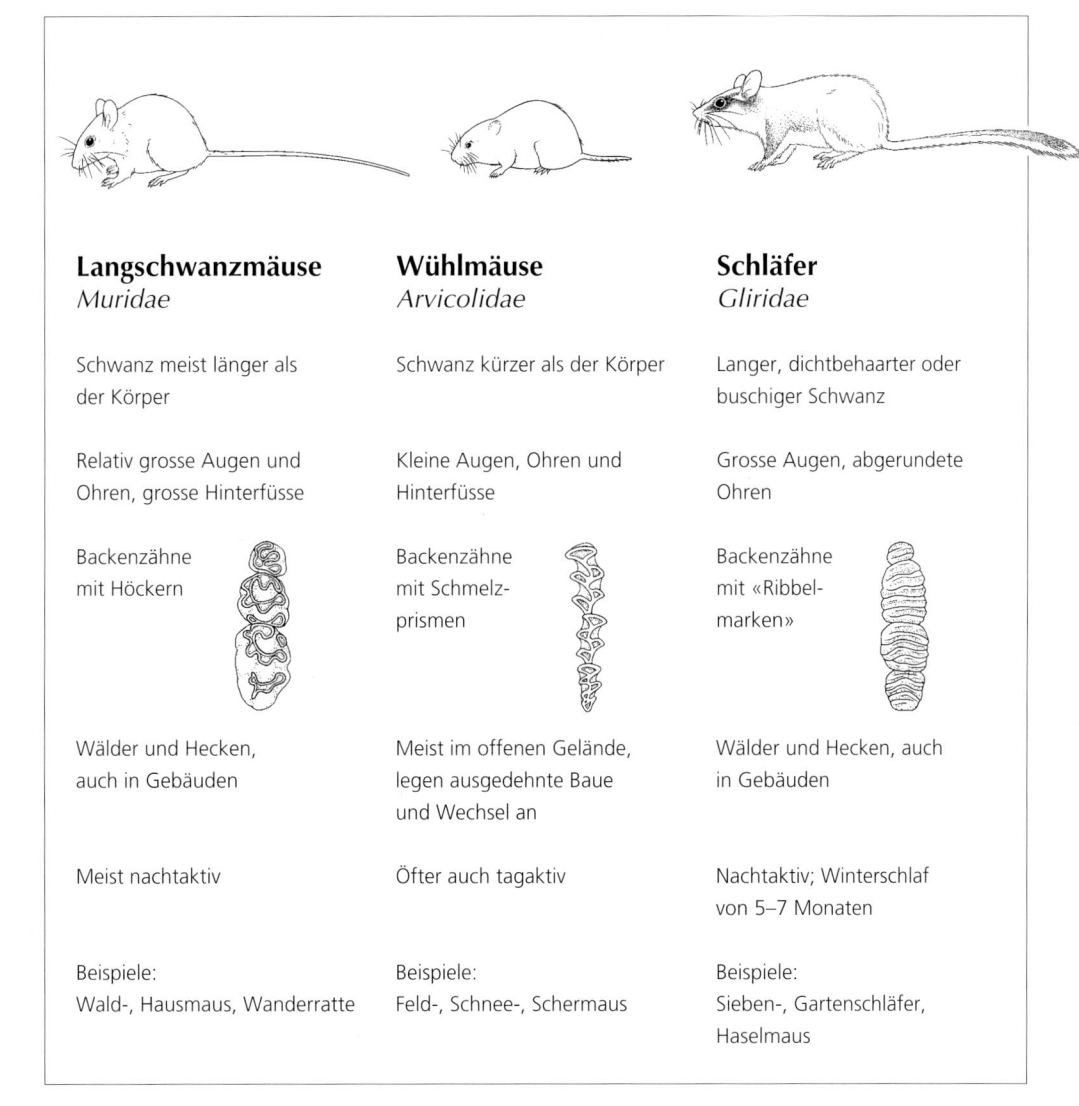

Langschwanzmäuse *Muridae*	**Wühlmäuse** *Arvicolidae*	**Schläfer** *Gliridae*
Schwanz meist länger als der Körper	Schwanz kürzer als der Körper	Langer, dichtbehaarter oder buschiger Schwanz
Relativ grosse Augen und Ohren, grosse Hinterfüsse	Kleine Augen, Ohren und Hinterfüsse	Grosse Augen, abgerundete Ohren
Backenzähne mit Höckern	Backenzähne mit Schmelzprismen	Backenzähne mit «Ribbelmarken»
Wälder und Hecken, auch in Gebäuden	Meist im offenen Gelände, legen ausgedehnte Baue und Wechsel an	Wälder und Hecken, auch in Gebäuden
Meist nachtaktiv	Öfter auch tagaktiv	Nachtaktiv; Winterschlaf von 5–7 Monaten
Beispiele: Wald-, Hausmaus, Wanderratte	Beispiele: Feld-, Schnee-, Schermaus	Beispiele: Sieben-, Gartenschläfer, Haselmaus

Ordnung: RAUBTIERE *CARNIVORA*

Familie: Hundeartige *Canidae*

Wolf *Canis lupus*
F: Loup   I: Lupo   R: Luf   E: Wolf

Wölfe haben eine Schulterhöhe von 70–80 cm und eine Kopf-Rumpf-Länge von 110–140 cm. Das Körpergewicht schwankt bei Männchen zwischen 30 und 40 kg, bei Weibchen zwischen 25 und 35 kg. Beim europäischen Wolf überwiegt eine graue Fellzeichnung.

In der Schweiz ist der Wolf im letzten Jahrhundert ausgerottet worden. Noch 1870 erschienen von Frankreich einwandernde Wolfsrudel im Jura. In den letzten Jahrzehnten sind Einzeltiere im Wallis, im Puschlav, bei Lantsch/Lenz GR und in Hägendorf SO erlegt worden. Die Herkunft dieser Wölfe ist unbekannt, zum Teil sind sie wohl aus Gehegen ausgebrochen. Restpopulationen freilebender Wölfe gibt es in Europa noch in Portugal, Spanien, Italien, im früheren Jugoslawien, Griechenland, im nördlichen Europa und im Osten. In Italien leben heute etwa 300 Wölfe: Die Population im Apennin breitet sich gegen Norden aus. Falls diese Wanderungen anhalten, können Wölfe über die französischen Südalpen in einigen Jahrzehnten die Schweiz erreichen.

Als Lebensraum benötigt der Wolf grosse Wälder, in die er sich tagsüber ungestört zurückziehen kann. Heute findet er derartige Biotope hauptsächlich in den Bergen. Der Wolf hat sich als Raubtier vorwiegend auf Huftiere spezialisiert, er vergreift sich gelegentlich an Schafen und Ziegen. Sein täglicher Nahrungsbedarf beträgt 2,5 kg. Hat er ein grosses Beutetier erlegt, so verschlingt er bis zu 10 kg auf einmal. Er verbringt 20–30% seiner Aktivitätszeit mit Jagen.

In Italien suchen die Wölfe nachts Deponien auf, wo sie reichlich Haus- und Schlachtabfälle vorfinden. Im hohen Norden und im Osten leben und jagen die Wölfe in grossen Rudeln, in Italien leben sie im Familienverband.

Die Tragzeit dauert, wie bei unseren Haushunden, rund 60 Tage. Mischlinge mit streunenden Haushunden kommen vor, wobei meist Wolfsweibchen von Hunderüden gedeckt werden.

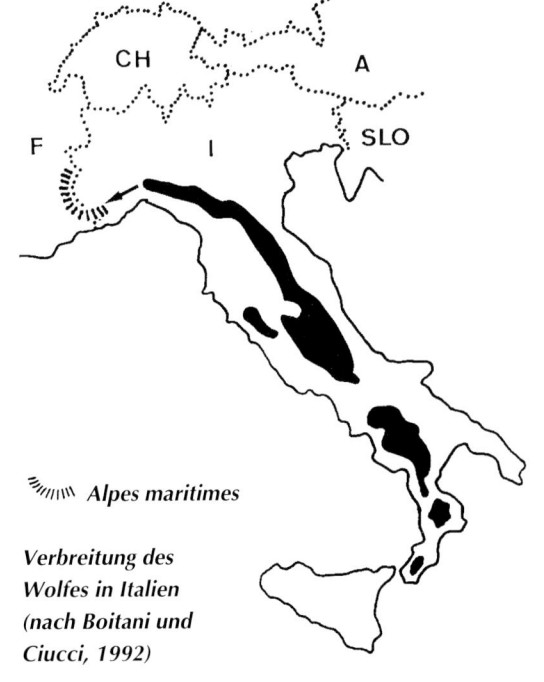

Literatur: 2, 37

Verbreitung des Wolfes in Italien (nach Boitani und Ciucci, 1992)

Marderhund *Nyctereutes procyonoides*
F: Chien viverrin   I: Cane procione   R: Chaun-vulp   E: Raccoon dog

Der Marderhund gehört nicht zu unserer einheimischen Fauna. Er ist ein bekannter Pelzlieferant, sein Fell wird auch unter dem Namen Ussurischer Waschbär gehandelt. Seine Heimat ist Ostasien. Zusammen mit anderen Pelztieren wurde er Ende der zwanziger Jahre und nach dem Zweiten Weltkrieg im europäischen Teil der damaligen Sowjetunion ausgesetzt. Von hier aus sind Exemplare u.a. nach Deutschland vorgedrungen. In den letzten Jahren sind Einzeltiere auch bei uns gesichtet und erlegt worden. Das Fell dieses fuchsgrossen Raubtieres ist bis Anfang Sommer bräunlich, nachher schwärzlich bis silbergrau. Charakteristisch ist die kontrastreiche Gesichtsmaske: heller Kopf mit dunklen Flecken unter den Augen. Der Enok, wie der Marderhund auch genannt wird, ist ein Allesfresser und nachtaktiv. Er bevorzugt gewässer- und sumpfreiche Landschaften im Flachland mit dichtem Baum- und Gebüschbestand. Biotopmässig ist deshalb die Schweiz kein ideales Gebiet, so dass der Marderhund bei uns kaum je Fuss fassen wird.

Rotfuchs *Vulpes vulpes*
F: Renard   I: Volpe   R: Vulp   E: Red fox

Der Rotfuchs bewohnt ganz Eurasien inkl. Mittelmeerraum und Nordamerika, in Australien wurde er 1864 eingeführt. Jedermann kennt seine schlanke Gestalt und den buschigen Schwanz. Der schmale Kopf mit spitzer Schnauze ist äusserst beweglich und kann bis zu 180° nach hinten gedreht werden. Das Fell ist meist rotbraun mit weisser Hals- und Bauchseite gefärbt. Im Winter ist sein Fell dunkler als im Sommer. Es sind mehrere Farbvarianten bekannt, ohne dass es sich dabei um Unterarten handelt. So hat der Brandfuchs eine dunkelbraune Oberseite und einen dunkelgrauen Bauch. Beim Moorfuchs ist der Bauch grauschwärzlich. Der Birkfuchs ist durch seine weisse Schwanzspitze gekennzeichnet. Im Norden sind die Rotfüchse grösser als in südlichen Gegenden. In der Jägersprache werden die Männchen als Rüden, die Weibchen als Fähen und die Jungtiere als Welpen bezeichnet. Wir kennen den Fuchs aus Fabeln und Märchen als listiges und schlaues Wesen. In der Tat ist er ein kluges Tier, und sein Intelligenzgrad liegt höher als bei vielen Hunden.

Das Riechen ist der wichtigste Orientierungssinn. Der Fuchs bewegt sich auch nachts völlig sicher. Die Ohren wirken als Schalltrichter. Ein Fuchs kann die Distanz und Richtung von Geräuschen genau orten und deshalb auch nachts jagen. Das binokulare Sehen ist für die räumliche Wahrnehmung und das Abschätzen von Distanzen wichtig. Allerdings können blinde Füchse in Freiheit problemlos überleben.

Der Fuchs ist ein Allesfresser mit einer erstaunlichen Anpassungsfähigkeit. Die besten Biotope sind die vom Menschen geschaffenen, vielseitigen Kulturlandschaften, wo auch seine Lieblingsbeute, die Wühlmäuse, reichlich vorhanden ist. Neben Waldkatze, Bussard, Milan und Eule ist der Fuchs der wichtigste Mäusevertilger. Mäuse haben für ihn den Vorteil, dass er sie relativ leicht erbeuten und ganz hinunterschlucken kann. Während der Aufzucht der Welpen werden Mäuse bündelweise in den Bau getragen.

Werden Mäuse rar, was in gewissen Jahren der Fall ist, so stellt der Fuchs vermehrt auf Regenwürmer um, die nachts auf feuchten Wiesen und Äckern an der Erdoberfläche reichlich vorhanden sind. Neben anderen Kleinsäugern und bodenbrütenden Vögeln nimmt der Fuchs auch Insekten. Im Sommer und im Herbst sind Beeren und Früchte aller Art eine willkommene Abwechslung. Steinobst wird Äpfeln und Birnen vorgezogen. In den Bergen ernähren sich die Füchse im Sommer von Murmeltieren, Mäusen und Wildbeeren, im Winter nehmen sie Fallwild und suchen nach Abfällen in der Nähe der Bauernhöfe. Der Fuchs ist bekannt als Hühnerdieb. Er kann in einer Nacht in einem Hühnerstall alle Tiere töten. Dies ist eine angeborene Reaktion auf Beutereize wie z.B. das Gackern der Hühner, die im Gehege keine Fluchtmöglichkeit haben. Raubzüge werden vor allem im Frühjahr unternommen, wenn die Fuchseltern viel Nahrung für die Aufzucht der Welpen brauchen.

Die Grösse des Streifgebietes eines Fuchses wird von der Fuchsdichte bestimmt. Sie kann 20–70 ha umfassen, sich aber auch über 300–700 ha ausdehnen. In der Kulturlandschaft leben 1–3 Tiere je 100 ha. Der Rotfuchs gräbt eigene Erdhöhlen, wenn ihm die Bodenbeschaffenheit dies gestattet. Er legt seinen Bau weniger tief unter der Erdoberfläche an als der Dachs. Als Wohnquartier nimmt er gerne Dachsbaue an, und oft hausen Dachs und Fuchs in demselben Bausystem. Im Aushubmaterial eines vom Fuchs bewohnten Baus ist keine Rinne vorhanden (siehe Dachs). Der Fuchs polstert seinen Wohnkessel nicht mit Gras und Heu aus. Vor einem Fuchsbau findet man häufig Nahrungsreste (Knochen, Fellreste, Federn), die er aus seinem Bau entfernt hat. In felsigen Gegenden, wie z.B. im Jura und in den Alpen, hausen die Füchse auch in natürlichen Höhlen und Felsspalten. Die Baue werden vor allem im Winter und während der Fortpflanzungszeit bewohnt, im Sommer ruhen die Füchse oft an anderen, schutzbietenden Orten.

Füchse besitzen an verschiedenen Körperstellen Drüsen. Mit dem Sekret der Analsackdrüsen wird der Kot beim Abgeben parfümiert und erhält dadurch den typischen Fuchsgeruch. Die Kotwürstchen werden zur Markierung des Reviers auf erhöhten Stellen wie Maulwurfshügeln, Grenzsteinen oder Baumstrünken deponiert. Auf der Oberseite der Schwanzbasis liegt die sogenannte Veilchendrüse (Viole), die ein Sekret ausscheidet, dessen Bedeutung noch unklar ist. Mit dem Sekret der Maxillardrüsen, die an den Lippen im Mundwinkel liegen, parfümiert der Fuchs Zweige und Gras. Der Harn dient zur Reviermarkierung, er wird an die verschiedensten Gegenstände gespritzt, wie dies unsere Haushunde auch tun. Das Ranzbellen ist ein Lautsignal, das während der Fortpflanzungszeit vom Dezember bis Februar weit hörbar ist. Bauernregeln besagen: «Wenn zur Nachtzeit der Fuchs sein heiseres Bellen hören lässt, steht schlechtes Wetter oder Kälteeinbruch bevor.» Diese Regel gilt nur sehr bedingt, da die Rüden nur während der Ranzzeit und praktisch bei jeder Witterung bellen.

Der Rotfuchs ist schon im Alter von 9–10 Monaten geschlechtsreif. Bei uns findet die Ranz von Dezember bis Februar statt. Nach einer Tragzeit von 60–63 Tagen kommen im März bis April 4–6 blinde, flaumig dunkel behaarte Jungtiere von 70–100 g Gewicht zur Welt. Nach 15 Tagen öffnen sie die Augen, nach 4–7 Wochen verlassen sie zum erstenmal den Bau. Anfangs bleiben sie in der Nähe des Wurfbaus und unternehmen dann später ausgedehnte Exkursionen. Jungfüchse sind sehr spielfreudig und zeigen ein ausgeprägtes Sozialverhalten.

Der Rotfuchs wurde früher wegen seines Pelzes bejagt und als Hühnerdieb verfolgt. Heute werden die Fuchsbestände wegen der Tollwut dezimiert, da der Fuchs Hauptüberträger dieser Krankheit ist. Die Füchse werden mit ausgelegten Ködern gegen Tollwut geimpft. Der Fuchsbestand erholt sich relativ rasch nach einer Tollwutepidemie.

Literatur: 6, 18

Familie: Grossbären *Ursidae*

Braunbär *Ursus arctos*
F: Ours brun   I: Orso bruno   R: Urs   E: Brown bear

Unzählige Orts-, Siedlungs- und Flurnamen in der Schweiz weisen darauf hin, dass der Braunbär einst in unserem Lande weit verbreitet und populär war. Tanzbären gab es schon im Altertum und sie wurden noch zu Beginn dieses Jahrhunderts auch bei uns auf Jahrmärkten vorgeführt. Die Dressur der Bären ist schwierig, da die wenig ausgeprägte Mimik es dem Dompteur erschwert, Stimmung und Absichten des Tieres zu erkennen. Im Schweizer Kochbuch von A. Buchhofer (1900) sind sieben Rezepte für Bärenfleisch aufgeführt. Vor allem war es die Jagd im letzten Jahrhundert, welche den Untergang die-

Tanzbär

ses imposanten Säugetieres in der Schweiz zur Folge hatte. Beim damaligen Weidesystem war es dem «Meister Petz», wie der Bär im Volksmunde genannt wird, leicht, Schafe und Ziegen zu reissen. Als Honigliebhaber richtete er an Bienenhäuschen Schäden an. Im schweizerischen Mittelland gab es schon im 16. Jahrhundert keine Bären mehr. Die Tiere zogen sich in den Jura und in die Alpen zurück. Um 1850 wurden die Bären im Jura ausgerottet und bald darauf auch in den Alpen. Der letzte Schweizer Bär wurde 1904 am Piz Pisoc im Unterengadin erlegt. Neben grösseren Braunbärenbeständen in Nord- und Osteuropa leben heute noch Restpopulationen in Spanien (Kantabrisches Gebirge), in den Pyrenäen, in den Abruzzen und im Trentino (I). Bären sind im allgemeinen sehr scheu und sie sind Einzelgänger, die vom Frühjahr bis zum Wintereinbruch weiträumige Wanderungen unternehmen. Grosse, einsame Waldkomplexe mit Felshöhlen als Wohnquartier sind für das Überleben einer Braunbärenpopulation ausschlaggebend. In Europa erfüllen heute nur Bergwälder derartige Bedingungen. Braunbären sind Allesfresser, doch unter allen «Raubtieren» sind sie am stärksten von pflanzlicher Nahrung abhängig, die aus Waldbeeren, Baumfrüchten, Wurzeln, Gräsern und anderem besteht. Die animalische Kost umfasst Wirbellose (Bienen, Ameisen und andere Insekten) sowie Wirbeltiere (Huftiere, z.T. als Fallwild).

Braunbären halten keinen echten Winterschlaf, sondern nur eine Winterruhe. Die Männchen überwintern allein, die Jungtiere mit der Mutter zusammen in Felshöhlen, Erdlöchern oder im dichten Gestrüpp.

Die Hauptbrunft findet von Mai bis Juni statt. Nach einer Tragzeit von 7–8 Monaten kommen meist zwei Junge im Winterlager zur Welt. Die rattengrossen Neugeborenen von grauer Färbung wiegen 500 g und sind noch 3–4 Wochen blind. Sie machen nach dem vierten Monat die ersten Ausflüge mit der Mutter und bleiben dann noch 14 Monate mit ihr zusammen. Ein Braunbär ist mit 6–7 Jahren ausgewachsen und hat eine Lebenserwartung von 30–40 Jahren. Ein Weibchen wirft nur alle 2–4 Jahre. Das Durchschnittsgewicht erlegter, adulter Schweizer Braunbären betrug 142 kg für die Männchen und 132 kg für die Weibchen. Der ehemalige Lebensraum der Braunbären wurde in unserem Alpengebiet einer intensiven forstlichen Nutzung unterzogen und mit vielen Waldwegen versehen. Er unterliegt einer fast uneingeschränkten touristischen Erschliessung. Im Hinblick auf diese Umweltveränderungen ist es fraglich, ob in unserem Alpenraum durch Zuwanderung oder durch Wiedereinbürgerung eine vitale Bärenpopulation neu entstehen kann.

Literatur: 20, 21, 24, 33

Familie: Kleinbären *Procyonidae*

Waschbär *Procyon lotor*
F: Raton laveur   I: Procione   R: Urset american   E: Raccoon

Wie der Marderhund, so gehört auch der Waschbär nicht zu unserer einheimischen Fauna. Seine Heimat ist Nordamerika. Mit dem Aufkommen der Pelztierhaltung in den zwanziger Jahren wurden Waschbären in Deutschland in Pelztierfarmen gehalten. Entwichene und ausgesetzte Tiere bauten stabile Populationen auf. In der Schweiz sind erstmals 1976 Waschbären im Kanton Schaffhausen festgestellt worden. Es folgten Hinweise auf Waschbärenvorkommen aus den Kantonen Zürich und Aargau. Seither ist diese Art an verschiedenen Orten des deutschschweizerischen Mittellandes nachgewiesen worden. Ob sich dieser Fremdling in der Schweiz je etablieren wird, bleibt eine offene Frage.

Der Waschbär gehört zur Familie der Kleinbären. In seiner Heimat lebt er in unterschiedlichen Landschaftstypen, er ist sehr anpassungsfähig. Als Kulturfolger sucht er die Peripherie von Dörfern und Städten auf. Er ist Allesfresser und bedient sich z.B. in Gärten, er sucht auch Mülldeponien und Campingplätze auf.

Der Waschbär hat eine charakteristische Gesichtsmaske. Die Stirn ist grauschwarz, und von den Augen bis zu den Mundwinkeln zieht sich ein schwärzliches Band. Seine Fellfarbe ist äusserst variabel, der Schwanz ist schwarz-graugelb geringelt.

Familie: Marder *Mustelidae*

Dachs *Meles meles*
F: Blaireau   I: Tasso   R: Tais   E: European badger

Der Dachs war einst ein populäres Tier, er wurde auch Grimbart oder Schmalzmann genannt. Dorf- und Flurnamen wie Dachsloch, Dachsgrund, Dachsfelden weisen auf sein Vorkommen hin. Auch bei Bauernregeln hat er Eingang gefunden: «Sonnt sich der Dachs in der Lichtmesswoche (erste Woche Februar), geht auf vier Wochen er wieder zu Loche.» Sogar im Aberglauben spielte er eine Rolle. Dachspfoten wurden als Amulette gegen Feinde getragen. An Pferdegespannen wurden Dachsschwarten angebracht: «Dachsfell am Kummet kennt keine Not, schützt Ross und Reiter vor Krankheit und Tod.» In der Volksmedizin verschrieb man Dachsfett gegen Quetschungen und Wunden. Dachsschwarten als Schuheinlagen schützten vor Fussleiden. Dachsfleisch war früher ein beliebtes Gericht. In der «Basler Kochschule» (1912) finden sich mehrere Rezepte, wie man es zubereiten kann. Die Haare werden zu Rasierpinseln und Bürsten verarbeitet.

Der Dachs ist in Mitteleuropa der grösste Vertreter der Marderartigen. Die Kopf-Rumpf-Länge beträgt 60–70 cm, der Schwanz misst 15–19 cm, das Gewicht schwankt zwischen 10 kg und 18 kg. Sein Körper ist kräftig, die Beine sind stämmig und kurz, der Hals ist gedrungen, die Schnauze rüsselartig, und die Augen sind klein. Die fünfzehigen Füsse haben nackte Sohlenballen. Die langen Krallen der Vorderfüsse sind zu Grabklauen entwickelt und im Trittsiegel deutlich erkennbar. Der Dachs ist durch sein helles Gesicht mit den dunklen Augenstreifen gekennzeichnet. Im Gegensatz zu den meisten anderen Säugetieren ist seine Bauchseite dunkler gefärbt als die Rückenpartie. Das Haarkleid ist rauh und nicht sehr dicht. Eine 2–3 cm dicke Fettschicht bietet dem Dachs Schutz vor Kälte und dient als Nahrungsreserve im Winter.

Das Verbreitungsgebiet des Dachses umfasst ganz Europa (ausser dem hohen Norden) und das gemässigte Asien bis Japan. Bei uns ist er durch die Unterart *M. meles meles* vertreten. Der Dachs ist in der Wahl seines Lebensraumes anspruchslos und anpassungsfähig. Er bevorzugt Laubmischwälder, wo er sich eher am Waldrand in der Nähe von Wiesen und Feldern aufhält. Bei uns ist er in fast allen hügeligen und bewaldeten

Gebieten anzutreffen, in den Alpentälern kommt er bis etwa 1800 m vor. Er meidet Feuchtgebiete. In der Regel liegen die Dachsbaue an Waldrändern oder in Feldgehölzen. Beim Graben der Baue leisten ihm die langen Klauen der Vorderpfoten gute Dienste. In felsigen Gegenden, wie z.B. im Jura und den Voralpen, bewohnt er auch natürliche Höhlen und Felsspalten. Ein Erdbau kann mehrere Kessel enthalten, die z.T. bis 4 m unter der Erde liegen und durch ein kompliziertes Gangsystem miteinander verbunden sind. Es gibt Bausysteme, die seit 50 Generationen bewohnt sind und immer wieder erweitert werden. Sie können eine Fläche von 250 m^2 bedecken und Dutzende von Eingängen aufweisen. Man hat errechnet, dass bis zu 13 m^3 Erde aus einem Bausystem an die Erdoberfläche befördert werden. Charakteristisch für einen bewohnten Dachsbau ist eine oft bogenförmige Rinne (Geschleif) im Erdwall der Hauptröhre. Sie entsteht, wenn der Dachs, rückwärtsgehend, Erdmaterial aus dem Bau transportiert. Die Kessel sind mit Heu und Laub ausgepolstert, die im Frühjahr und im Herbst erneuert werden. Dann liegen grosse Mengen des alten Polstermaterials vor dem Eingang. Ausser diesen Hauptbauen finden sich im Gelände Nebenbaue mit nur zwei Röhren, die im Sommer vorübergehend von einzelnen Individuen bewohnt werden. Der Dachs nutzt seinen Bau intensiver als der Fuchs und verbringt rund die Hälfte seines Lebens im Bau. Seine Aktivitätszeit richtet sich nach der Tageslänge. Im Frühjahr und im Herbst verlässt er den Bau etwa eine Stunde nach Sonnenuntergang, im Sommer etwas früher. Spätestens vor Sonnenaufgang sucht er seine Höhle wieder auf. Der Dachs hält keinen Winterschlaf, nur eine Winterruhe. Bei strenger Kälte oder hohem Schnee verbleibt er mehrere Tage oder sogar Wochen im Bau und lebt von seinen Fettreserven.

Dachse sind Einzelgänger, nur die Mütter gehen mit ihren Jungen zusammen auf Erkundungsgänge aus. Das Revier wird mit dem Sekret der Unterschwanzdrüse markiert. Die Drüse bildet eine 3 cm tiefe Tasche, die in der Jägersprache Saugloch oder Stinkdrüse genannt wird. Die Kotgruben spielen ebenfalls eine Rolle bei der Abgrenzung des Territoriums. Die Tiere verteidigen wahrscheinlich ihr Revier nur bei grosser Dachsdichte und bei Nahrungsknappheit. Dachse sind Allesfresser, wobei das Nahrungsspektrum saisonale und lokale Unterschiede aufweist. Magen- und Kotanalysen von Dachsen in der Schweiz ergaben unter anderem folgende Resultate: Regenwürmer werden das ganze Jahr genommen und bilden oft die Hauptbeute an tierischer Kost. Schnecken werden selten in grosser Menge verzehrt. Wespen und deren Larven und Waben sind von August bis Oktober nachweisbar. Der Dachs ist kein Jäger, er gräbt jedoch Wühlmausnester aus und frisst die Jungen. Vom Sommer bis in den Herbst bilden Kirschen, Zwetschgen und Pflaumen einen wesentlichen Nahrungsanteil. Mais ist ebenfalls wichtig, einerseits die reifen Kolben im Herbst, andererseits die auf den Feldern liegengebliebenen Kolben im Winter. Keilförmige Vertiefungen im Erdboden, sogenannte Stichlöcher, zeigen, dass hier der Dachs mit seiner Schnauze nach Nahrung suchte. Der Kot wird in einer selbstgegrabenen oder natürlichen Mulde abgesetzt und nicht verscharrt. Solche Aborte, oft mehrere beisammen, findet man im Revier und an dessen Grenze als Territoriumsmarkierung.

Angaben über die Paarungs- und Wurfzeit sind unterschiedlich. In der Literatur werden meist eine Winter- und eine Sommerranz angegeben. In beiden Fällen hat der Dachs eine verlängerte Tragzeit, da die Keimzelle nach wenigen Teilungen bis im Dezember ruht. Erst dann nistet sie sich in der Gebärmutterschleimhaut ein, entwickelt sich weiter, und nach 7–8 Wochen kommen die Jungen immer im Spätwinter zur Welt. Bei der Winterranz beträgt die Gesamttragzeit 11–12 Monate, bei der Sommerranz hingegen nur 7–8 Monate. Eine Dachsfähe wirft 3–4 Junge, die in den ersten Tagen blind sind und 12 Wochen gesäugt werden. Die Zunge neugeborener Dachse ist gross und hat seitlich aufstehende Ränder mit vielen Zotten, die zusammen mit dem Gaumendach einen röhrenförmigen Hohlraum bilden, der das Anhaften an der Zitze erleichtert. Das Fell der Jungen ist schmutzigweiss und die Kopfzeichnung noch undeutlich. Im Alter von neun Wochen verlassen die Jungdachse zum erstenmal den Bau.

Literatur: 27

Hermelin oder Wiesel *Mustela erminea*
F: Hermine   I: Ermellino   R: Ermelin   E: Ermine

Das Hermelin bewohnt in Europa die gemässigten und kalten Zonen, es fehlt im Mittelmeerraum. In den Alpen kommt es bis 3000 m vor. Das Sommerkleid ist hellbraun bis rötlichbraun, das Winterfell weiss. Im Gegensatz zum Mauswiesel hat das Hermelin eine schwarze Schwanzquaste, die im Sommer und im Winter vorhanden ist. Für die Umfärbung sind neben Kälte und Tageslichtdauer noch andere Faktoren verantwortlich. Dass die Wiesel die Witterung vorausahnen und sich vorzeitig umfärben, trifft nicht zu. Deshalb sind Bauernregeln mit Vorsicht zu geniessen: «Ist das Wiesel weiss, schneit es in kurzer Zeit.» «Wänn s Wiseli lang wyss isch, gits en spate Früelig.»

Das Hermelin hat eine Kopf-Rumpf-Länge von 22–28 cm, der Schwanz misst 8–12 cm. Das Gewicht schwankt bei den Männchen zwischen 160 g und 310 g, bei den Weibchen zwischen 100 g und 180 g. Wiesel sind sehr anpassungsfähig und nicht an bestimmte Biotope gebunden, haben aber eine Vorliebe für dichtbewachsene Ufer. Hermeline schwimmen sehr gut, springen behende und können auch klettern. Die Nahrung ist ähnlich wie bei anderen Musteliden. Ihr Speisezettel umfasst Kleinsäuger (vor

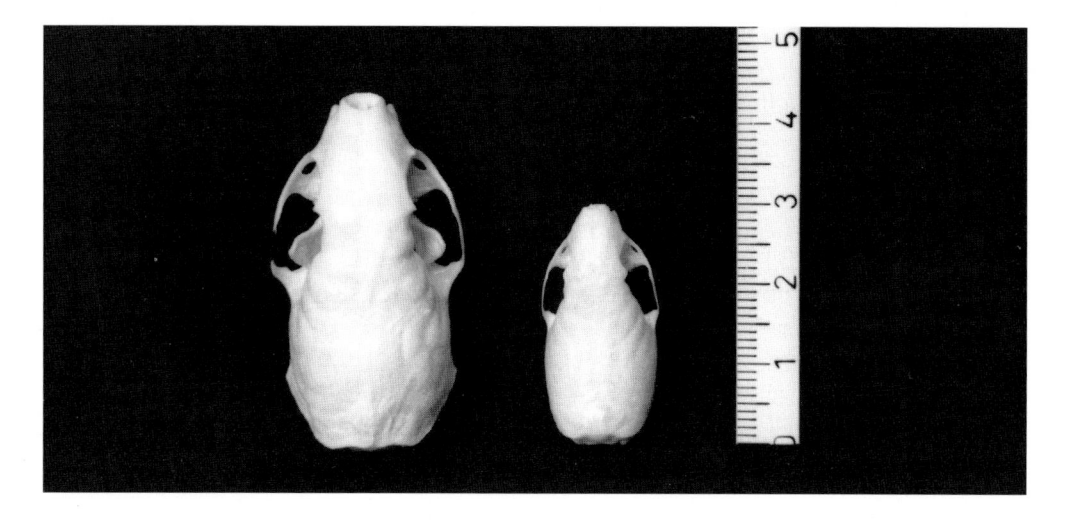

Schädel von Hermelin (links) und Mauswiesel (rechts) im Grössenvergleich

allem Wühlmäuse), Vögel und deren Eier, Amphibien, Fische. Auch das Hermelin dringt wie das Mauswiesel in die Gänge der Wühlmäuse ein. Die Beute wird geruchlich und akustisch lokalisiert und angeschlichen. Dann erfolgen der Angriff und der Tötungsbiss in den Nacken oder Hinterkopf. Die Beute wird meist in ein Versteck geschleppt und dort gefressen. Die Wiesel saugen kein Blut, wie dies immer wieder behauptet wird. Auch Wiesel legen Beutedepots an. In einem Versteck des nordischen Wiesels fand man unter einem Holzschuppen 135 Lemminge. Feinde der Wiesel sind vor allem Katzen, Hunde und Greifvögel.

Hermeline verteidigen gegen Artgenossen ihr Versteck und die nähere Umgebung. Hingegen wird das Streifgebiet nicht verteidigt. Das Männchen durchwandert ein Streifgebiet von 2–40 ha, das Weibchen ein solches von 2–7 ha (Neuenburger Jura). Das Wiesel markiert sein Revier mit Harn, Analdrüsensekret und Kot.

Die Ranzzeit findet in den Monaten Mai bis Juli statt. Die Eier werden sofort nach der Begattung befruchtet und beginnen ihre Entwicklung. Nach einigen Tagen wird diese unterbrochen, und die Keime ruhen in diesem Stadium für 6–10 Monate. Erst im folgenden Frühjahr nisten sie sich in die Gebärmutterwand ein. Die Anzahl der Jungen wird durch das Nahrungsangebot bestimmt. In guten Jahren wirft das Weibchen bis zu 12 Junge, in schlechten Jahren nur 3–4 Junge. Neugeborene wiegen etwa 3 g und messen 5 cm. Mit drei Monaten verlassen sie ihre Mutter und sind dann fast so gross wie ein erwachsenes Hermelin.

Literatur: 23

Mauswiesel *Mustela nivalis*
F: Belette commune   I: Donnola   R: Mustaila cumina   E: Weasel

Das Mauswiesel ist nicht nur der kleinste Vertreter der Marderartigen, sondern auch das kleinste Raubtier der Welt. Sein Verbreitungsgebiet umfasst ganz Europa, Nordamerika, Nordafrika und das nördliche Asien bis Japan. Es bewohnt die ganze Schweiz bis auf 3000 m Höhe. Die Körpergrösse des Mauswiesels nimmt zu, je weiter südlich es lebt, die Grösse des Hermelins hingegen nimmt ab. Es gibt deshalb Gegenden, in welchen beide Arten praktisch gleich gross sind. Bei uns haben die Mauswieselmännchen eine Kopf-Rumpf-Länge von 17–20 cm, die Weibchen sind etwas kleiner. Der Schwanz misst 3–5 cm. Bei den Männchen liegt das Gewicht bei 55–90 g, bei den Weibchen zwischen 45 g und 60 g. Der Rücken ist hellbraun, Kehle und Bauch sind weiss. Der Schwanz ist rot, ohne schwarze Endquaste (Unterschied zum Hermelin). Auch das Mauswiesel kann im Winter weiss werden, aber diese Umfärbung vollzieht sich nur bei einem Teil der Tiere, vor allem im Norden.

Das Mauswiesel bewohnt die verschiedensten Landschaftstypen, auch intensiv bebaute Kulturflächen. Seine geringe Körpergrösse gestattet ihm, in den unterirdischen Gängen der Mäuse zu leben und dort seinen Beutetieren nachzugehen, was auch bei hohem Schnee möglich ist. Kotanalysen von schwedischen Mauswieseln haben folgendes Nahrungsspektrum ergeben: 40% Erdwühlmäuse, 27% Waldwühlmäuse, 15% Schermäuse, 5% Waldmäuse, 12% junge Kaninchen.

Die Reviergrösse der Männchen umfasst 7–15 ha, diejenige der Weibchen 1–4 ha. Mauswiesel markieren ihr Revier mit dem Sekret der Analdrüse. Ihre Nester bauen sie in Steinmauern, unter Holzlagern und in Hohlräumen im Boden. Mauswiesel sind sowohl tagsüber als auch nachts unterwegs. Mauswiesel haben keine verlängerte Tragzeit. Die Ranz findet von März bis Mai statt. Die Tragzeit dauert fünf Wochen. Die Anzahl der Jungen ist abhängig vom Nahrungsangebot und schwankt zwischen 3 und 8 Nestlingen. Mit 23 Tagen öffnen die Jungen die Augen und verlassen die Mutter nach etwa 10 Wochen.

Literatur: 23

Iltis *Mustela putorius*
F: Putois   I: Puzzola   R: Telpi   E: European polecat

Der Europäische Iltis oder Waldiltis gehört zur Familie der Marder. Zusammen mit Wieseln und Nerzen bilden die Iltisse die Gattung Mustela. Der Waldiltis bewohnt grosse Teile Europas ausser dem nördlichen Skandinavien. In Südosteuropa teilt er gebietsweise sein Areal mit dem Steppeniltis *(Mustela eversmanni)*.

Iltisse haben eine typische Mardergestalt mit langem Rumpf auf kurzen Beinen. Die Ohren sind klein und rund. Der Schwanz ist jedoch kürzer und weniger buschig als bei den Mardern. Bei uns ist das Fell des Iltis schwärzlich oder dunkelbraun gefärbt. Typisch ist seine Maskenzeichnung im Gesicht. Mit dem braunschwarzen Kopf kontrastiert die weissliche Färbung der Schnauzenpartie, der Kehle und der Haare zwischen Auge und Ohr. Iltisweibchen sind kleiner und leichter als die Männchen. Das Gewicht der Männchen beträgt im Mittel 1100 g, dasjenige der Weibchen 670 g. Die Kopf-Rumpf-Länge liegt bei 35–40 cm, die Schwanzlänge schwankt zwischen 13 cm und 15 cm. Ist ein Iltis in Bedrängnis, so scheidet er aus den Analdrüsen ein übelriechendes Sekret ab. Das Sprichwort «Stinken wie ein Iltis» weist auf diesen widerlichen Geruch hin.

Aus der Nähe kann man ohne weiteres einen Iltis von den anderen Marderartigen unterscheiden. Aus Distanz ist dies schwierig, um so mehr als Iltisse stets deckungsreiche Wege benützen. Überquert aber ein Iltis z.B. eine Strasse, so kann man ihn an seiner Gangart erkennen. Er bewegt sich relativ langsam und oft im Schritt, mit typisch gekrümmtem Rücken. Marder hingegen überqueren eine offene Fläche sehr rasch und im Sprunge. Iltisse sind nicht besonders scheu und verraten sich gelegentlich im Dickicht durch auffallendes Geraschel, Husten und Schnauben.

Iltisse scheinen weniger an ein Territorium gebunden zu sein als andere Musteliden. Im Sommer leben sie im Wald, wo sie verschiedene Verstecke wie Erdlöcher, Ast- und Blätterhaufen sowie dichte Vegetation aufsuchen. Die einzelnen Verstecke werden oft nur für kurze Zeit benutzt. In dieser Jahreszeit sind sie sehr aktiv und auch tagsüber unterwegs. Im Winter suchen sie Bauernhöfe und Siedlungen auf, wo sie in Scheunen, Ställen und Wohnhäusern ihr Winterquartier beziehen. Trächtige Weibchen suchen im Frühsommer solche Quartiere auf, um hier ihre Jungen zur Welt zu bringen. Die Grösse des Streifgebietes hängt vom Nahrungsangebot ab, ist auch jahreszeitlich bedingt und schwankt deshalb zwischen 10 ha und 1000 ha.

Bei uns sind die Iltisse vorwiegend Fleischfresser, Jungtiere nehmen auch Früchte. In der Schweiz konnten in Kot- und Magenanalysen Reste von 43 Tierarten, 8 Pflanzenarten sowie Haustierfutter und Schlachtabfälle festgestellt werden. Von Bedeutung sind Kleinsäuger, Frösche, Aas, Schlachtabfälle und Hühnereier. Bei uns haben sich die Iltisse interessanterweise auf Frösche *(Rana temporaria)* und Kröten *(Bufo bufo)* spezialisiert. Diese können vielleicht leichter erbeutet werden als Kleinsäuger. Typisch für den Iltis ist das Zusammentragen erbeuteter Frösche und Kröten an einen geschützten Ort. Iltisse erbrechen nach dem Genuss weiblicher Frösche oft sogenannte «Sternschnuppengallerten» (Gallerthüllen der Froscheier), die man gelegentlich im Walde am Boden findet (man kennt dieses Phänomen auch von gewissen Vogelarten).

Iltisse sind Einzelgänger, Kontakt zwischen den Geschlechtern besteht nur während der Paarungszeit. Die Hauptranz liegt in den Monaten April bis Juni. Während der Paarungszeit entwickeln die Rüden eine hohe Aktivität, legen oft mehrere Kilometer zurück, um ein paarungsbereites Weibchen zu finden, und verlieren dabei rund ein Drittel ihres Gewichtes. Beim Iltis findet keine Keimruhe statt, wie dies bei anderen Marderartigen der Fall ist. Nach einer Tragzeit von rund 42 Tagen kommen 3–7 Junge zur Welt. Sie werden 5–6 Wochen gesäugt, nehmen aber bereits nach 2–3 Wochen auch Fleischnahrung. Die Jungtiere werden nach drei Monaten selbständig. Neugeborene haben einen silbrigweissen Pelz, der im Alter von drei Wochen durch das definitive Fell ersetzt wird. Im ersten Lebensjahr sterben viele Jungtiere, was auf Unerfahrenheit, Feinde und mangelnde Nahrungsversorgung zurückzuführen ist. In Freiheit werden Iltisse 5–7 Jahre alt.

Das Frettchen ist die albinotische Zuchtform des Iltis. Es ist gekennzeichnet durch seine blassgelbe Farbe und die roten Augen. Frettchen wurden schon sehr früh als Haustiere gehalten und zur Kaninchenjagd verwendet, die noch heute unter anderem in Frankreich praktiziert wird. Gelegentlich werden wilde Iltisse eingekreuzt, die Nachkommen werden Iltisfrettchen genannt.

Literatur: 16, 23, 35

Fischotter *Lutra lutra*
F: Loutre de rivière   I: Lontra   R: Ludra   E: European otter

Der Fischotter hat einen langen, schlanken, geschmeidigen Körper. Sein Kopf ist rundlich, oben abgeplattet und geht nahtlos in den Körper über. Die runden Ohrmuscheln sind klein und im Fell verborgen. Die Extremitäten sind relativ kurz, und die Zehen sind mit einer Schwimmhaut verbunden. Das dichte Haarkleid besteht aus feiner, wasserundurchlässiger Unterwolle und aus längeren Grannenhaaren. Das Fell ist dunkelbraun und glänzend, Bauch und Kehle sind heller.

Bis Mitte des letzten Jahrhunderts war der Fischotter in der Schweiz in fast allen Gewässern anzutreffen. Obwohl sein Fell geschätzt wurde und sein Fleisch zur Fastenzeit gegessen werden durfte, war er damals nicht gefährdet. Sein Schicksal wurde bereits Ende des letzten Jahrhunderts besiegelt, als 1888 ein Bundesgesetz in Kraft trat, in welchem es u.a. hiess: «Die Ausrottung von Fischottern, Fischreihern und anderen, der Fischerei besonders schädlichen Tieren ist möglichst zu begünstigen.» Unser Fischotter wurde mit allen Mitteln verfolgt und vernichtet. Als der Fischotter 1952 in der Schweiz

Fischotter

unter Schutz gestellt wurde, war es für seine Rettung praktisch zu spät. 1975 wurde unser Bestand auf 15 Tiere geschätzt. Wiedereinbürgerungsversuche mit bulgarischen Fischottern misslangen. Die letzten Spuren eines Fischotters in der Schweiz wurden 1989 am Ufer des Neuenburgersees gefunden. Es muss leider angenommen werden, dass diese Marderart heute in unserem Lande ausgestorben ist. Seine Lebensräume wurden in den letzten Jahrzehnten weitgehend zerstört (Verschwinden der Flussauen, Korrektionen der Fliessgewässer, Rückgang der Fische, Schadstoffe im Wasser u.a.).

In einem Otterbiotop müssen verschiedene Bedingungen erfüllt sein: reichlich Nahrung während des ganzen Jahres, sichere Unterkünfte, Sonnenplätze, günstige Uferpartien. In die Uferböschungen graben die Tiere einen einfachen unterirdischen Wohnbau, der über dem Wasserspiegel liegt. Der Eingang der Röhre, die von der Uferböschung in die Wohnkammer führt, liegt unter Wasser. Gestattet es die Beschaffenheit des Ufers nicht, einen Bau zu graben, so bewohnt der Otter natürliche Höhlen in Ufernähe oder er haust im Wurzelwerk von Bäumen. Die Territoriumsgrösse schwankt je nach Biotopqualität. Untersuchungen in Schweden haben ergeben, dass eine Mutterfamilie 2–4 km^2 See oder 2–4 km Flussstrecke beansprucht. Im Winter, vor allem bei Eisbildung, sind die Aktionsräume grösser. Das Revier der Männchen ist weiträumiger. In der Regel sind Fischotter nachtaktiv. Das Territorium wird mit dem Kot markiert, der an auffälligen Geländepunkten und an den Ausstiegen aus dem Wasser deponiert wird. Otter sind extrem gute Schwimmer. Als Antriebsorgan dienen die Hinterfüsse, die Vorderbeine werden nach hinten satt an den Körper angelegt. Der Schwanz hilft als Ruder und Steuer mit. Wenn die Tiere nach einer Exkursion im Wasser an Land gehen, muss das am Fell haftende Wasser abgestreift werden. Die Tiere schlängeln sich dann entweder durch dichtes Gestrüpp oder wälzen sich im Grase.

Fischotter jagen aktiv nach ihrer Beute im Wasser und verfolgen ihre Opfer. Allerdings müssen sie alle 30–40 Sekunden auftauchen, um zu atmen. Langsam schwimmende Fische wie Rotaugen, Flussbarsche, Hechte und Welse werden leichter erbeutet als z.B. Forellen. Es werden auch Fischarten genommen, die für uns als Nahrung uninteressant sind, sowie kranke und schwache Individuen. Obwohl sich die Otter mehrheitlich von Fischen ernähren, sind wirbellose Tiere, Amphibien, Reptilien, Wasservögel und Kleinsäuger ebenfalls willkommen. Der tägliche Nahrungsbedarf schwankt zwischen 500 g und 1500 g. Die Fortpflanzung ist in gemässigten Klimata nicht an eine bestimmte Jahreszeit gebunden. Die zwei oder drei mausgrossen Jungen kommen blind zur Welt.

Literatur: 30

Stein- oder Hausmarder *Martes foina*
F: Fouine   I: Faina   R: Fiergna dal puppen alva   E: Stone marten

Der Steinmarder ist eine Mustelidenart von mittlerer Grösse mit einer Kopf-Rumpf-Länge von 40–56 cm. Der Schwanz misst 20–30 cm. Die Männchen sind etwas grösser und schwerer (1,1–2,5 kg) als die Weibchen (0,8–1,5 kg). Die gröberen braunen Grannenhaare sind nicht so dicht wie beim Baummarder, so dass die grauweissen Wollhaare dazwischen hervorleuchten. Oft wird der Brustlatz als Unterscheidungsmerkmal zwischen Stein- und Baummarder angegeben. Bei einem «typischen» Steinmarder ist der Brustlatz weiss und unten gegabelt. Beim Baummarder ist der Kehlfleck in der Regel rundlich und gelblich getönt. Bei beiden Arten kommen aber erhebliche Variationen in Form und Farbe vor. Ein sicheres Unterscheidungsmerkmal ist die Nase, welche beim Steinmarder hellgrau bis fleischfarbig, beim Baummarder grauschwarz bis schwarz gefärbt ist. Die Sohlenbehaarung ist beim Steinmarder nur schwach, beim Baummarder hingegen verdeckt sie weitgehend die Sohlenballen. Im Oberkiefer weist der letzte Backenzahn auf der Aussenseite eine Einbuchtung auf, beim Baummarder ist diese Stelle abgerundet.

Der Steinmarder ist nach der nacheiszeitlichen Erwärmung aus Asien nach Europa eingewandert. Heute bewohnt er grosse Gebiete Eurasiens. In Europa fehlt er in Grossbritannien und in Skandinavien. In der Schweiz ist er durch die Unterart *M. foina foina* vertreten und bewohnt den Jura, das Mittelland, die Alpen und das Tessin. Durch rücksichtslose Verfolgung war der Steinmarder in den dreissiger Jahren selten geworden. Die Einschränkung der Jagdzeit und das schwindende Interesse als Pelzlieferant haben sich positiv ausgewirkt, so dass heute sein Bestand in der Schweiz gesichert ist.

Der Steinmarder ist ursprünglich ein Felsbewohner. In seinem südlichen Verbreitungsgebiet lebt er vorwiegend in Felswänden und Geröllhalden, in den Alpen auch über der Waldgrenze. Seine Vorliebe für steinige Biotope war sicher unter anderem auch ein Vorteil bei der Besiedlung von Städten. Der Steinmarder ist zum Kulturfolger geworden. Er lebt heute auch in Dörfern, aber genauso mitten in Grossstädten. Untersuchungen in Basel haben gezeigt, dass er sich in allen Quartieren, auch in der Innerstadt, wohl fühlt. Diese Anpassung an menschliche Siedlungen wird begünstigt durch sein breites Nahrungsspektrum, er ist Allesfresser. Die Nahrungszusammensetzung ist je nach Jahreszeit unterschiedlich. Früchte sind ein wichtiger Bestandteil der Nahrung (Kirschen, Äpfel, Zwetschgen, Trauben usw.) Während der Wintermonate werden mehr Mäuse, vor allem Wühlmäuse, gefangen. Im Frühling stellt der Steinmarder vermehrt auch Vögeln nach. Er erbeutet Stadttauben, Amseln, Haussperlinge und Vertreter der echten Mäuse wie Waldmaus, Hausmaus, Wanderratte. Steinmarder tragen Eier im Maul in ihr Versteck, ohne sie zu beschädigen. Wirbellose Tiere spielen als Nahrung eine untergeordnete Rolle.

Der Steinmarder wird auch als tagaktiv beschrieben, was für ländliche Gegenden zutreffen mag. Beobachtungen in Städten haben gezeigt, dass er vorwiegend nachtaktiv geworden ist. Die Hauptaktivität liegt hier zwischen 9 Uhr abends und 2 Uhr morgens. Felsspalten, Steinhaufen, hohle Bäume sind die ursprünglichen Verstecke des Steinmarders. In besiedelten Gebieten nistet er sich auf dem Lande in Bauernhäusern und Heuschobern ein, in den Städten in Dächern, Lagergebäuden und Baracken. Beliebt sind Giebeldächer mit wenig benutzten Estrichen, Blindböden und andere Hohlräume.

Moderne Isolierstoffe werden als Nistmaterial verwendet. Die «Vorliebe» für Gummischläuche und Kunststoffteile von Autos wird nach vielen Versuchen damit erklärt, dass Marder alles zum Prüfen ins Maul nehmen. Dabei erleiden die genannten Teile Schaden.

Steinmarder sind behende Kletterer, sie erreichen die Dachstöcke via Bäume, Backsteinmauern oder Fassadenbegrünungen. Der Steinmarder benötigt ein Revier von 80–150 ha, in städtischen Verhältnissen wahrscheinlich viel weniger. Die Paarung erfolgt von Juli bis August. Die Einnistung der befruchteten Eizelle wird jedoch bis im Januar verzögert, so dass die Jungen erst im April geboren werden. Das Weibchen bringt 2–5 Junge zur Welt, die nach etwa 35 Tagen die Augen öffnen. Sie werden drei Monate gesäugt und erreichen mit zwei Jahren die Geschlechtsreife. Die Lebensdauer wird auf 8–10 Jahre geschätzt.

Literatur: 23

Baum- oder Edelmarder *Martes martes*
F: Martre des pins   I: Martora   R: Fiergna dal puppen mellen   E: Pine marten

Den Namen Edelmarder hat der Baummarder erhalten, weil er ein wertvolles Pelzwerk liefert. Vor dem Ersten Weltkrieg wurden jährlich gegen 160 000 Felle gehandelt. Strenge Schutzbestimmungen haben den Edelmarder vor seiner Ausrottung bewahrt.

Aus der Nähe ist es nicht schwer, Baummarder und Steinmarder voneinander zu unterscheiden. Jede Art hat Besonderheiten in ihrem Aussehen (siehe unter Steinmarder). Unterschiede bestehen auch in der Gestalt. Der Baummarder ist schlanker und wendiger als der mehr breit und gedrungen gebaute Steinmarder. In der Haarstruktur unterscheidet sich der Baummarder durch sein seidenweiches, dichteres Fell, dessen lange Grannenhaare die rötlich- bis graugelbe Unterwolle zudecken. Die Grundfärbung ist kaffeebraun, sie kann jedoch von Hellgelb bis Kastanienbraun variieren. Die Kopf-Rumpf-Länge beträgt 45–48 cm, der Schwanz misst 23–28 cm. Die Weibchen sind kleiner und leichter als die Männchen. Das Gewicht beträgt für die Männchen 1,2–1,8 kg, für die Weibchen 0,8–1,2 kg.

Ausser in Europa ist der Edelmarder bis in den westlichen Teil der GUS-Länder, in Kleinasien und im Iran verbreitet. Der Baummarder hat eine eindeutige Vorliebe für Wälder (Nadel-, Laub- und Mischwald) und ist selten im offenen Gelände anzutreffen. Er ist ein Kulturflüchter. Obwohl man Baummarder auch tagsüber beobachten kann, vor allem im Sommer, sind sie typische dämmerungs- und nachtaktive Tiere, die von 8 Uhr abends bis 4 Uhr morgens unterwegs sind. Die während der Aktivitätsphase zurückgelegten Strecken sind recht unterschiedlich, wobei die Männchen grössere Distanzen zurücklegen als die Weibchen. Feldbeobachtungen im Winter (im Jura) haben ergeben, dass die Männchen 3,1–15 km, die Weibchen nur 50 m bis 7 km zurücklegen. Baummarder benützen in ihrem Revier festgelegte Wechsel, die mit dem Sekret der Prägenitaldrüse markiert werden und nicht mit der Stinkdrüse, die nur bei Drohung gegen Feinde in Aktion tritt. Ausserhalb der Fortpflanzungszeit leben die Tiere solitär. Der Lebensraum eines Männchens kann die Reviere mehrerer Weibchen miteinschliessen, ohne dass die Tiere Kontakt miteinander haben. Als Behausungen wählen die Baummarder Nester anderer Tiere und natürliche Unterschlupfe. Nester in über 10 m Höhe werden bevorzugt, wobei sich die Baummarder mit Vorliebe in Nestern der Rabenkrähe niederlassen, aber auch Greifvogelnester, Spechthöhlen und Eichhörnchenkobel bewohnen. Seltener sucht der Baummarder Unterschlupf am Boden in Reisighaufen und Erdlöchern. Typisch für Baummarder ist, dass sie immer wieder ihren Unterschlupf wechseln. Das Nahrungsspektrum des Baummarders ist sehr breit, es umfasst sowohl tierische als auch pflanzliche Kost.

Im Baummarderkot, der im Jura gesammelt wurde, konnten Reste von 20 Säugetierarten, 21 Vogelarten, Eierschalen von 8 Vogelarten, mehrere Käfer- und Netzflüglerarten sowie Früchte von 15 Baum- und Sträucherarten nachgewiesen werden. Die häufigsten Beutetiere waren Rötelmaus, Wald- oder Gelbhalsmaus, Feldmaus und Maulwurf. Bei den Früchten überwiegen wilde Rosen, Vogel-, Mehl- und Himbeere. Eier werden oft in ein Versteck abtransportiert, ohne dass sie beschädigt werden.

Die Paarung findet von Juni bis August statt. Die Einnistung der Ovula findet erst von Februar bis März statt. Die 2–5 Jungen kommen dann nach einem Monat zur Welt. Sie haben nach sechs Monaten bereits die Grösse und das Gewicht eines ausgewachsenen Tieres. Die Lebensdauer wird mit 11–15 Jahren angegeben. Gelegentlich kommt es zu einer falschen Ranz oder Nebenbrunft im Januar bis März.

Literatur: 22

Familie: Katzen *Felidae*

Wild- oder Waldkatze *Felis silvestris*
F: Chat sauvage   I: Gatto selvatico   R: Giat selvadi   E: European wild cat

Die Bezeichnung Waldkatze ist dem Namen Wildkatze vorzuziehen. Im Gegensatz zu den Hauskatzen, die recht unterschiedliche Färbungen aufweisen und oft bunt gemustert sind, ist die Färbung der Waldkatze eher unscheinbar. Ihre gelblichgraue bis fahlgraue Fellfarbe wird durch dunkelbraune bis schwarze Striche im Kopf- und Rückenbereich und an den Extremitäten unterbrochen. Der 25–35 cm lange Schwanz wirkt wegen der längeren Behaarung der Spitze gleichmässig dick. Seine Zeichnung besteht aus 5–7 schwarzen Ringen, wobei meist nur die letzten drei geschlossen sind. Der Bauch ist

Wildkatze, aufgenommen im Tierpark Dählhölzli

gelblichweiss-grau. Das Gewicht der Waldkatzen wird in der Literatur oft viel zu hoch angegeben. Untersuchungen an Waldkatzen in Frankreich haben ergeben, dass das Durchschnittsgewicht der Männchen bei 5 kg, dasjenige der Weibchen bei 3,5 kg liegt. Das Maximalgewicht betrug 7,7 kg bzw. 4,95 kg. Jahreszeitlich bedingte Gewichtsschwankungen betragen 1–2 kg. Die Kater haben eine Körperlänge von 52–65 cm, die Weibchen von 48–57 cm.

Früher war die Waldkatze über ganz Mittel-, Süd- und Osteuropa verbreitet. Durch die starke Bejagung «dieses gefährlichen Raubtieres» hat sie sich nur noch in einigen Rückzugsgebieten halten können, u.a. in Spanien, in den Ardennen und den Vogesen, in Mittelitalien und in den Karpaten. In der Schweiz weisen prähistorische Funde und Belege aus historischer Zeit darauf hin, dass die Waldkatze bei uns im Mittelland und im Jura heimisch war. Die Waldkatze galt bei uns in den dreissiger Jahren als ausgestorben. In den letzten Jahrzehnten sind mehrere echte Waldkatzen in den Kantonen Jura, Bern, Solothurn und Neuenburg erlegt worden. Allerdings ist nicht sicher, ob die Waldkatze in diesen Gegenden Standwild ist, oder ob Tiere von Frankreich herüberwechseln. Aus Tierparks stammende Individuen wurden in den Kantonen Bern und Waadt ausgesetzt. Die Waldkatze ist durch das Bundesgesetz seit 1962 geschützt.

Waldkatzen bewohnen grosse, dichte Laubmischwälder. Sie werden etwa eine Stunde nach Sonnenuntergang aktiv und streifen dann als Einzelgänger weit umher. Die Tiere suchen aber auch tagsüber Lichtungen auf, um sich auf Holzlagern und Baumstämmen zu sonnen. Sie klettern sehr gut und retten sich bei Verfolgung auf einen Baum, wo sie dann in geduckter Stellung regungslos verharren. Gegenden mit längerer Schneebedeckung sind keine geeigneten Biotope, da die Tiere nicht genügend Nahrung finden würden. Ihre Füsse sind auch nicht an Schnee angepasst, wie dies beim Luchs und dem Schneehasen der Fall ist. Im Winter dienen hohle Bäume, Felsspalten, Fuchs- und Dachsbaue als Unterschlupf. Die Waldkatze ist ein ausgesprochener Fleischfresser. Das Beutespektrum variiert je nach Region und Jahreszeit. Im Sommer jagt sie mit Vorliebe auf Wiesen nach Mäusen, im Winter geht sie eher im Wald den Beutetieren nach. Magenuntersuchungen an erlegten Tieren aus Frankreich haben ergeben, dass die Beute vor allem aus Mäusen, hauptsächlich Wühlmäusen, besteht. Man fand z.B. im Magen eines Katers Reste von 23 Mäusen. Gelegentlich fressen Waldkatzen auch Hasen, Kaninchen, Spitzmäuse, Vögel, Amphibien und Schnecken.

Die Weibchen sind nach einem Jahr geschlechtsreif, die Kater nach 1,5 Jahren. Die Paarungszeit fällt in die Monate Februar und März. Nach einer Tragzeit von 63–68 Tagen kommen 3–6 Junge zur Welt, die 80–120 g wiegen. Nach 7–11 Tagen öffnen die Jungen ihre Augen und werden nach drei Monaten selbständig. Die Frage, wer die Ahnen unserer Hauskatzen sind, kann nicht mit Sicherheit beantwortet werden. Mögliche Vorfahren sind die nordafrikanische Falbkatze *(Felis lybica)*, die schon vor 7000 Jahren in Jericho gehalten wurde. Auch die Steppenkatze aus Südwestasien kommt in Frage. Ziemlich sicher stammt unsere Hauskatze nicht von der Waldkatze ab. In Mitteleuropa sind Hauskatzen seit der Karolingerzeit bekannt. Haus- und Waldkatzen kreuzen sich, und die Nachkommen werden Blendlinge genannt. Bastarde sind meist schwer von echten Waldkatzen zu unterscheiden, deshalb gibt es immer wieder Falschmeldungen. Eine sichere Unterscheidung zwischen Wald- und Hauskatze ist nur am Schädel aufgrund der Hirnschädelkapazität möglich, die bei der Waldkatze grösser ist.

Literatur: 14

Luchs *Lynx lynx*
F: Lynx   I: Lince   R: Luf tscherver   E: Eurasian lynx

Der Luchs ist mit einer Schulterhöhe von 55–70 cm und einer Kopf-Rumpf-Länge von 80–105 cm eine grosse Katzenart. Das durchschnittliche Gewicht liegt bei 23 kg für die Männchen und bei 17 kg für die Weibchen. Er hat relativ lange Extremitäten mit kräftigen Füssen, deren Trittsiegel 7 cm messen. Dank der Haarpolster am Pfotenrand und zwischen den Zehenballen und der langen Beine ist der Luchs besser an schneereiche Gebiete angepasst als die Waldkatze. Die Ohrspitzen sind mit einem Haarpinsel geschmückt, der bis zu 4 cm lang wird. Der 20 cm lange Stummelschwanz ist am Ende schwarz. Heute gibt es noch natürliche Luchspopulationen in Skandinavien, in Osteuropa, in den Karpaten, im Balkan und auf der Iberischen Halbinsel. Der Nordluchs *(L. lynx lynx)* hat ein ockergelbes bis rötliches Fell und eine wenig ausgeprägte Fleckung. Der Pardelluchs *(L. lynx pardina)*, der nur die Iberische Halbinsel bewohnt, hat eine deutlichere Fleckung, und sein Fell ist ockergelb bis grau. Der Pardelluchs ist kleiner als der Nordluchs.

Luchse bewohnen Laubmischwälder der gemässigten Zone und die lichten Fichtenwälder im Norden. Sie bevorzugen abwechslungsreiche Landschaften mit reichlichem Nahrungsangebot. Heute lebt der Luchs hauptsächlich in gebirgigen Gegenden, in die er sich aus dem besiedelten und entwaldeten Flachland zurückzog. Um 1700 verschwand der Luchs aus dem schweizerischen Mittelland und wurde dann auch aus dem Jura und dem Voralpengebiet verdrängt. Im 19. Jahrhundert ist er bei uns ausgerottet worden (1826 Kanton Freiburg, 1850 Kanton Aargau, 1872 Kanton Graubünden; der letzte Luchs auf Schweizer Boden wurde 1909 beim Simplonpass erlegt).

Rehe und Gemsen waren bei uns die Hauptnahrung des Luchses. Als im 19. Jahrhundert der Bestand dieser Huftiere drastisch zurückging, machte der Luchs vermehrt Jagd auf Haustiere, vor allem auf Schafe und Ziegen. Dies wurde ihm zum Verhängnis und führte zu seiner Ausrottung. Der Luchs wurde 1962 in der Schweiz unter Schutz gestellt. Seit 1971 sind bei uns Luchse aus den Karpaten in verschiedenen Kantonen wieder eingebürgert worden. Heute sind in den Nord- und Zentralalpen rund 10 000 km^2, im Jura 5000 km^2 wieder von Luchsen besiedelt. Man schätzt derzeit den Bestand in der Schweiz auf 50–100 Luchse.

Der Luchs beansprucht ein grosses Wohngebiet, die Männchen 200–400 km^2, die Weibchen 100–150 km^2, wobei sich die Gebiete beider Geschlechter überlappen können. In seinem Wohngebiet folgt der Luchs getreu seinen Wechseln. Dies wurde ihm seinerzeit zum Verhängnis, da er leicht mit Tellereisen und Schlagfallen erlegt werden konnte. Die Wechsel werden regelmässig mit Harn markiert. Sein Lager befindet sich in Felshöhlen, hohlen Bäumen oder im dichten Unterholz. Sehschärfe und Gehör sind sehr gut. Ein Luchs reagiert auf einen Rehbock aus 500 m, auf einen Hasen aus 350 m Distanz. Luchse sind Pirschjäger und machen keine Hetzjagden wie die Wölfe. Sie schleichen ihre Beute an, bevor sie angreifen. Wenn das Beutetier aus einer Entfernung von rund 20 m durch einige Sprünge nicht erwischt werden kann, ist die Erfolgschance nur noch gering. Luchse stürzen sich nicht von Bäumen auf ihre Beute, wie dies auf alten Darstellungen abgebildet ist. Der Luchs ist ausschliesslich Fleischfresser. Sein Tagesbedarf beträgt 1–1,5 kg. Er kann aber bei einer Mahlzeit bis zu 5 kg zu sich nehmen und dann einige Tage fasten. Ein Reh reicht ihm für etwa eine Woche. Gelegentlich vergreift er sich an Schafen und Ziegen, doch scheinen sich die Verluste im Rahmen zu halten und werden heute durch Bund und Kantone ersetzt. Die Ranzzeit findet von Januar bis März statt. Nach 65–72 Tagen Tragzeit kommen 2–3, seltener 4 blinde, weisslich gefärbte und bereits gefleckte Junge zur Welt. Ihr Geburtsgewicht ist etwa 200 g. Zwischen dem 8. und 12. Tag öffnen sie die Augen. Die Mutter säugt ihre Jungen während 2–3 Monaten. Vor der nächsten Ranz löst sich die Familie auf. Nach zweieinhalb Jahren sind die Jungluchse geschlechtsreif.

Literatur: 9, 13

Ordnung: PAARHUFER *ARTIODACTYLA*

Familie: Schweine *Suidae*

Wildschwein *Sus scrofa*
F: Sanglier   I: Cinghiale   R: Portg selvadi   E: Wild boar

Das Wildschwein ist mit vielen Unterarten in Europa, Kleinasien, China und bis nach Sumatra vertreten. Die Rassen unterscheiden sich in Gestalt, Färbung und Grösse. Bei uns lebt die mitteleuropäische Unterart *S. scrofa scrofa*. In der Schweiz ist das Vorkommen von Wildschweinen durch Knochenfunde in Höhlen seit der Altsteinzeit belegt. Als das Klima milder wurde und sich die Laubwälder ausdehnten, nahm der Wildschweinbestand zu. Diese Tiere gehören seither zu den ältesten Jagdtieren des Menschen. Die Pfahlbauer begannen bei uns diese Wildtierart zu domestizieren, sie gilt als Stammform aller europäischen Hausschweinrassen. Bei den Göttern der Germanen spielte das Wildschwein eine grosse Rolle. Der Keiler Gullinbursti diente dem Gott Freyr als Reittier. Die Popularität des Wildschweines als Jagdwild führte bei uns in der Jägersprache zu eigenen Bezeichnungen. So weist der Name Schwarzwild auf die Färbung hin. Die Männchen heissen Keiler, die Weibchen Bachen, die Jungen Frischlinge. Ein 1–2jähriges Tier heisst Überläufer. Auch die verschiedenen Körperteile erhielten spezielle Namen (Rüssel = Gebrech, Ohren = Gehöre oder Teller, Schwanz = Bürzel, Eckzähne = Waffen, Haderer oder Gewehre, Augen = Lichter usw.). Wildschweine gehören dem «Brechertypus» an. Die Körperform ist so gestaltet, dass die Tiere das Unterholz durchbrechen können. Der massige Kopf ist keilförmig, der Rumpf ist seitlich abgeplattet und wirkt von vorne gesehen schmal. Ausgewachsene Keiler haben an den Flanken der Brust eine Verdickung der Haut, den sogenannten Schild. Zur Brunftzeit wird dieser Panzer noch verstärkt, indem sich die Tiere nach dem Suhlen an harzreichen Bäumen reiben. Harz und Erde, die an den Haaren haften bleiben, bilden einen äusseren, zusätzlichen «Panzer». Schild und Erdkruste schützen die Keiler vor den Eckzähnen des Gegners bei Rivalenkämpfen. Im Sommer ist der Körper mit einem struppigen Borstenkleid bedeckt, im Winter sind die Tiere mit dichter, zusätzlicher Unterwolle vor Kälte geschützt. Im Gegensatz zu den Hausschweinen haben die Wildschweine aufrechtstehende Ohren und keinen geringelten Schwanz. Das Körpergewicht ist bei den Wildschweinen sehr unterschiedlich. Es nimmt in Eurasien von Südwesten nach Nordosten zu. Spanische Wildschweine erreichen kaum 100 kg, in Mitteleuropa können Keiler

Malbaum der Wildschweine. Hier reiben sich die Tiere nach dem Suhlen.

170–200 kg schwer sein, in Osteuropa sogar 350 kg und mehr. Die Kopf-Rumpf-Länge schwankt zwischen 120 cm und 200 cm. Bachen sind wesentlich kleiner als Keiler.

Der ursprüngliche Äsungsraum der Wildschweine sind Buchen- und Fichtenwälder. Schutz suchen sie in dichten Nadelholzbeständen. Wildschweine sind aber Allesfresser. An pflanzlicher Kost werden ausser Eicheln und Bucheckern auch Früchte, Kastanien, Gräser, Kräuter, Wurzeln und Zwiebeln genommen, im Winter auch Sumpf- und Wasserpflanzen. An tierischer Kost fressen sie Mäuse, Junghasen, Insekten und deren Larven (z.B. Engerlinge). Bei uns hat der Rückgang der Buchen- und Eichenwälder die Wildschweine gezwungen, Kulturland aufzusuchen. Sie können in Kartoffel-, Mais- und Getreidefeldern erheblichen Schaden anrichten. Wiesen und Äcker mit humosen, an Regenwürmern und Insektenlarven reichen Böden werden regelrecht umgepflügt.

Früher war der Wildschweinbestand in der Schweiz eher klein, es wurden jährlich zwischen 30 und 130 Tiere erlegt. Es waren vorwiegend «Grenzgänger», d.h. Tiere, die aus Frankreich und Deutschland überwechselten. Dies änderte sich beinahe schlagartig ab 1980. Die explosionsartige Zunahme der Bestände ist auf die Anfang der siebziger Jahre beginnende und stetig steigende Ausdehnung des Maisanbaues in unserm Lande zurückzuführen (Abschüsse: 1991: 1654, 1992: 1287, 1993: 2311). Die Wildschweine sind heute bei uns Standwild, d.h., sie sind sesshaft geworden.

Als soziale Tiere leben die Wildschweine in Rotten. Diese bestehen aus Bachen, Frischlingen und Jungtieren. Die älteren Keiler halten sich nur während der Paarungszeit bei der Rotte auf. Eine Wildschweinrotte bewohnt ein grosses Revier. Im Revier findet man ausser den Wechseln auch Schlaf- und Ruhestellen. Es sind Mulden, zusammengescharrtes Laub, niedergetretenes Schilf usw. Suhlen mit vielen Trittsiegeln verraten die Anwesenheit von Wildschweinen. Hier wälzen sich die Tiere im Schlamm, um sich u.a. von den vielen Zecken zu befreien. In der Nähe der Suhlen findet man die Malbäume. An Baumstämmen, meist Nadelhölzern oder Laubbäumen mit borkiger Rinde, reiben sich die Tiere nach dem Suhlen, so dass diese Stämme mit einer Lehmkruste überzogen

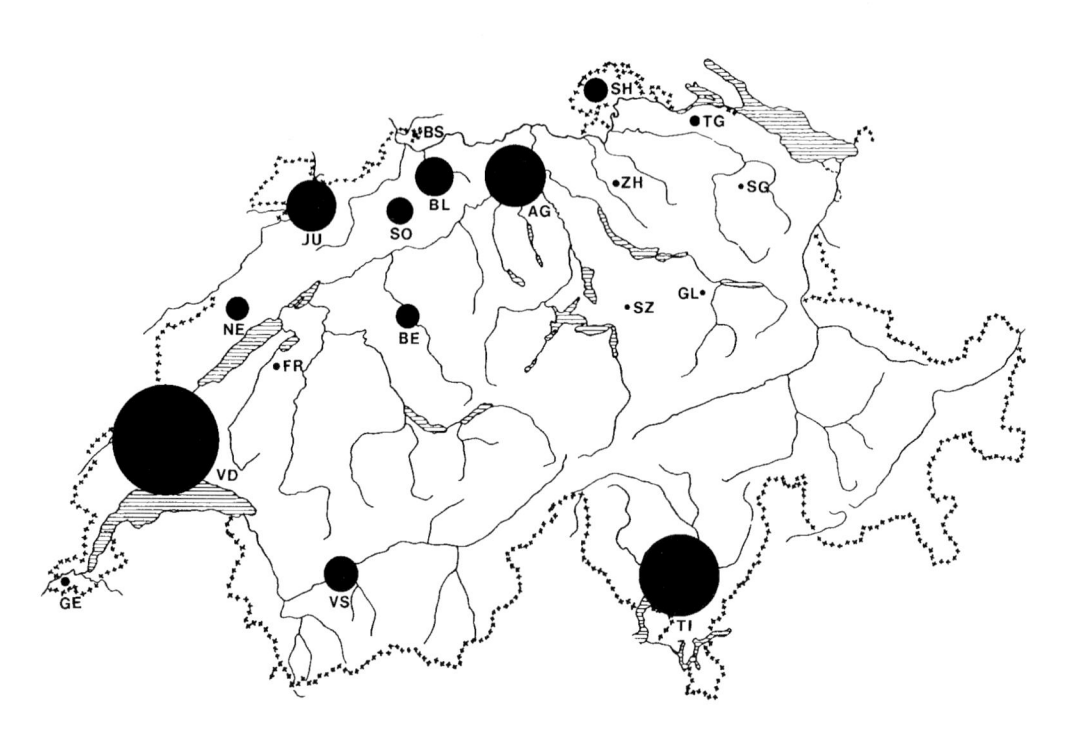

In der Schweiz erlegte Wildschweine nach Kantonen in den Jahren 1989–1993 (Nach der Eidg. Jagdstatistik; z.B. VD: 1620, BE: 333, JU: 752, ZH: 51, GL: 1)

werden und mit der Zeit die Rinde weggefegt wird. Auch aufgewühlte Erde kennzeichnet ein Wildschweinrevier. Die Rauschzeit (Ranzzeit) ist von Oktober bis Januar. Während dieser Zeit stossen die Keiler zur Rotte, vertreiben die jüngeren Männchen und kämpfen miteinander. Die Tragzeit dauert 16–18 Wochen. Die trächtigen Weibchen sondern sich ab und graben im Dickicht einen Kessel, der mit Pflanzen und Laub ausgepolstert wird. In den ersten zwei Wochen nach der Geburt bleiben die Frischlinge im Lager versteckt. Oft ziehen zwei Weibchen ihre Jungen gemeinsam auf. Die typische gestreifte Fellzeichnung der Frischlinge verschwindet nach fünf Monaten. Beim Haarwechsel im Herbst bekommen dann die Jungen das definitive Fell. Auf die Vermehrung und die Anzahl der Jungen pro Wurf haben gute und schlechte Mastjahre einen wesentlichen Einfluss. Ein gutes oder schlechtes Mastjahr (viel oder wenig Eicheln und Bucheckern) beeinflusst Gewicht und Vermehrung der Tiere. Eine sieben Monate alte Bache wiegt in einem guten Mastjahr 60–70 kg, in einem schlechten nur 10–15 kg. In mastlosen Jahren werfen nur die zweijährigen und älteren Bachen. Die durchschnittliche Zahl der Jungen pro Wurf beträgt drei. In günstigen Mastjahren werfen auch die einjährigen Weibchen, gewisse Altbachen sogar ein zweites Mal. Die Jungenzahl ist dann auch grösser, und 11–13 Frischlinge pro Wurf sind möglich. Da eine Bache aber nur vier Paar Zitzen zur Milchproduktion besitzt, kann sie kaum mehr als acht Frischlinge aufziehen. Durch klimatische Einflüsse, Wurminfektionen und Raubtiere sterben in den ersten sieben Monaten bis zu 50 % der Jungtiere.

Literatur: 1, 15, 25

Familie: Hirsche *Cervidae*

Rothirsch *Cervus elaphus*
F: Cerf rouge   I: Cervo   R: Tschierv cotschen   E: European red deer

Reh *Capreolus capreolus*
F: Chevreuil   I: Capriolo   R: Chavriel   E: Roe deer

Familie: Hornträger *Bovidae*

Alpensteinbock *Capra ibex*
F: Bouquetin des Alpes   I: Stambecco alpino   R: Capricorn   E: Alpine ibex

Gemse *Rupicapra rupicapra*
F: Chamois   I: Camoscio   R: Chamutsch   E: Alpine chamois

Im Gegensatz zum Wildschwein, einem typischen Allesfresser, ernähren sich die übrigen freilebenden Huftiere praktisch ausschliesslich von pflanzlicher Nahrung. Diese ist insgesamt schwer aufschliessbar. Mit Hilfe des kompliziert gebauten vierteiligen Wiederkäuermagens und von Mikroorganismen wird der Pflanzennahrung die Energie entzogen. Der grosse Vormagen oder Pansen wirkt dabei als Speicher für die oft hastig aufgenommene Nahrung, welche in einer ruhigen Situation wiedergekaut wird und als Gärbottich für die Bakterienkulturen dient. Am anspruchsvollsten hinsichtlich der Nahrung ist das Reh. Als sogenannter Konzentratselektierer bevorzugt es energiereiches, eiweisshaltiges Futter, wie z.B. Knospen. Die Gemse hat im Sommer ähnlich hohe Ansprüche an das Futter wie das Reh. Im Winter ist sie auch mit Nahrung zufrieden, die reich an Rohfaser ist. Als Mischäser kann man Rothirsch und Steinbock bezeichnen. Beide sind weniger anspruchsvoll als die Konzentratselektierer, aber nicht so bescheiden wie die reinen Rauhfutterfresser. Zu diesen gehört zum Beispiel das Hausschaf.

Gleich wie das Wildschwein zählen der Rothirsch, das Reh, der Alpensteinbock und die Gemse zu den Paarhufern, die nur noch mit dem dritten und vierten von ursprünglich fünf «Fingern» auftreten. Dies ist eine Anpassung an eine schnelle Fortbewegung. Von den einheimischen Huftieren ist der Rothirsch der schnellste Läufer. Sein nächster Verwandter, das viel kleinere Reh, entspricht eher dem Schlüpfertyp. Es ist hinten höher gebaut als vorn und kann das dichte Unterholz und Gestrüpp mühelos durchqueren. Gemse und Steinbock leben in felsigen Regionen und sind ausgeprägte Kletterer mit stark gewinkelten Gliedmassen, der Voraussetzung für eine grosse Sprungkraft, und griffigen Hufen.

Die vier einheimischen Wiederkäuer können leicht an der Körpergrösse, der Färbung, den Hörnern oder Geweihen und weiteren Merkmalen unterschieden werden. Bei ungeübten Beobachtern kommen am ehesten Verwechslungen zwischen Rehgeissen und Hirschkühen vor, obwohl der Unterschied in der Körpergrösse beachtlich ist. Übrigens ist die Färbung des sogenannten «Spiegels» ein gutes Unterscheidungsmerkmal. Der «Spiegel» ist für die Tiere ein gutes Erkennungszeichen, z.B. auf der Flucht, und verwirrt auch die Feinde, welche sich nur schwer auf ein einzelnes Tier konzentrieren können.

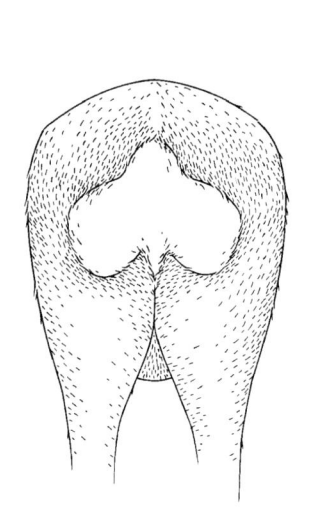

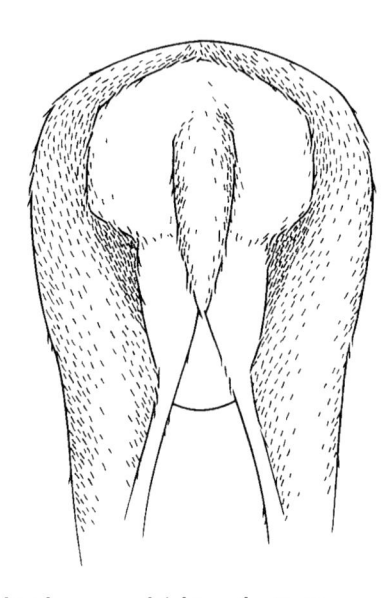

Flüchtende Rehe (links) und Rothirsche (rechts) kann man leicht an der Form des «Spiegels» unterscheiden. Zudem besitzen Rehe keinen Schwanz.

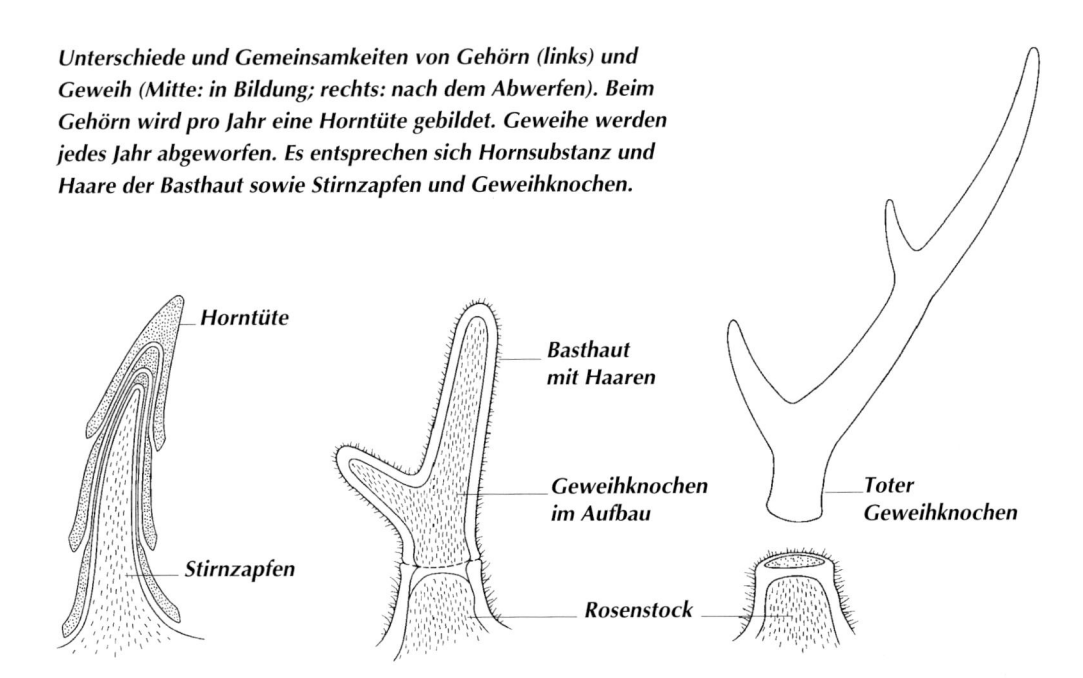

Unterschiede und Gemeinsamkeiten von Gehörn (links) und Geweih (Mitte: in Bildung; rechts: nach dem Abwerfen). Beim Gehörn wird pro Jahr eine Horntüte gebildet. Geweihe werden jedes Jahr abgeworfen. Es entsprechen sich Hornsubstanz und Haare der Basthaut sowie Stirnzapfen und Geweihknochen.

Hörner und Geweihe

Als einzige einheimische Säugetiere besitzen die Wiederkäuer Stirnaufsätze in Form von Hörnern und Geweihen. Das Geweih von Rehbock und Hirschstier ist nur während eines kurzen Teils des Jahres voll funktionsfähig. Als toter Knochen wird es beim Reh in den Monaten Oktober bis Dezember, beim Rothirsch im Spätwinter abgestossen. Unter dem Schutz einer Haut, dem Bast, wächst in den folgenden Monaten das Geweih heran. Das wachsende Geweih ist stark durchblutet. Wenn es fertiggestellt ist, sterben die lebenden Zellen ab. Vom eintrocknenden Blut und den Säften der Bäume, an denen die Basthaut abgefegt wird, erhält das an sich weisse Geweih seine Farbe. Die Endenzahl ist nur beschränkt ein Hinweis auf das Alter. Tiere im besten Alter haben bei Rothirsch und Reh relativ hohe Endenzahlen, bei älteren Tieren geht sie jedoch wieder zurück.

Da die Neubildung der Geweihe viel Zeit beansprucht, sind diese eigentlich nur während einer kurzen Periode voll einsatzfähig. Die Geweihe dienen in erster Linie als Waffe bei den Rivalenkämpfen und haben auch den Wert eines Statussymbols, das ein Zeichen für die soziale Stellung seines Trägers ist. Wenn ein Hirschstier sein Geweih abwirft, verliert er auch seine Stellung gegenüber den Artgenossen, welche ihr Geweih noch besitzen.

Hörner besitzen einen ganz anderen Bauplan als Geweihe. Dem Geweihknochen entspricht der Stirnzapfen, der mit dem Schädel zeitlebens fest verbunden, immer durchblutet und mit Nerven versehen ist. Auf dem Stirnzapfen sitzen die tütenformigen Hörner. Die Hornsubstanz ist tot und entspricht unseren Haaren oder Fingernägeln. Bei Haustieren wird während des ganzen Jahres Hornsubstanz gebildet. Bei Wildtieren unterbleibt im Winterhalbjahr das Wachstum. Es entstehen die Jahrringe, an welchen das

Alter einwandfrei bestimmt werden kann. Bei Gemse und Alpensteinbock besitzen beide Geschlechter Hörner. Beim Alpensteinbock ist der Geschlechtsunterschied besonders gross. Die Hörner werden vor allem bei den Rivalenkämpfen der Männchen eingesetzt, haben aber auch eine gewisse Bedeutung zur Abwehr artfremder Tiere. Besonders bei den Steinböcken sind die Gehörne auch Ausdruck der sozialen Stellung. Sie sind auf grosse Distanz sichtbare Zeichen der Rangordnung.

Fortpflanzung und soziales Verhalten

Ab Mitte Mai setzen die Huftiere ihre Jungen. Bei Rothirsch und Reh gehören die Jungtiere zum sogenannten Abliegertypus. Ihre gefleckten Kitze folgen der Mutter nicht, sondern drücken sich bei Gefahr an den Boden. Neugeborene Gems- und Steinkitze hingegen begleiten die Mutter schon wenige Stunden nach der Geburt. Während der Geburt sondern sich alle Mütter ab. Stein- und Gemsgeissen stossen aber bald wieder zum Sommerrudel, das aus den Weibchen, den neugeborenen Kitzen und den Jungtieren des Vorjahres besteht. Die Rothirsche bilden zu dieser Zeit Rudel, die sich aus Mutterfamilien zusammensetzen. Eine Mutterfamilie besteht in der Regel aus einer Hirschkuh,

Steinbock

ihrem Kalb und dem letztjährigen Jungtier. Auch beim Reh beobachtet man Mutterfamilien, zu denen sich auch ein einzelner Bock gesellen kann. Die älteren männlichen Tiere aller Huftierarten stehen in der Regel abseits, seltener einzeln, besonders bei Rothirsch und Alpensteinbock in grösseren Rudeln. Während der Paarungszeit lösen sich die sozialen Gruppen des Sommers bei allen Arten auf.

Die Brunft setzt am frühesten beim Reh ein, nämlich schon Ende Juli. Seit dem Frühjahr halten die Böcke ihre eigenen Reviere oder Territorien besetzt, in denen sich nun die Geissen suchen. Der Bock treibt die Geiss beim typischen Paarungszeremoniell vor der Begattung im Kreis herum, so dass regelrechte «Rundbahnen» im Gras erkennbar sind, die sogenannten «Hexenringe». Die Tragzeit dauert beim Reh 40 Wochen. Das befruchtete Ei entwickelt sich vorerst bis zum recht einfachen Stadium der Blastozyste. Während der folgenden Keimruhe unterbleibt eine weitere Entwicklung. Erst Anfang Januar erfolgen die Einnischung des Keims in die Gebärmutter und die rasche Weiterentwicklung des Embryos bis zur Ausreifung und Geburt. Diese verlängerte Tragzeit ist bei Huftieren eine grosse Ausnahme. Beim Reh fallen damit Brunft und Geburt in eine klimatisch sehr günstige Zeit.

Sehr eindrücklich ist die Brunft beim Rothirsch, die von Mitte September bis Mitte Oktober dauert. Die Platzhirsche, welche ihr Weibchenrudel zusammenhalten, hört man schon von weitem röhren. Die akustischen Rufduelle sind imposant. Oft kommt es auch zu harten Rivalenkämpfen. Nur kurze Zeit bleiben Stiere, Kühe und Jungtiere beisammen. Bald gehen die männlichen Tiere wieder ihre eigenen Wege.

Die Gebirgslandschaft ist oft schon verschneit, wenn Gemse und Steinbock im November oder im Dezember mit der Brunft beginnen. Vor allem die Böcke brauchen bei der Brunft viel Energie und sind entsprechend geschwächt. Die winterliche Brunft scheint eine schlechte Anpassung an das Leben in den Alpen zu sein und hängt vielleicht damit zusammen, dass beide Arten ursprünglich gar nicht aus schneereichen Gebieten stammen. Die Brunftrudel sind bei beiden Arten aus Tieren aller Alters- und Geschlechtsklassen zusammengesetzt. Wie bei Rothirsch und Reh sondern sich die Männchen bald wieder von den weiblichen Tieren und dem Jungwild ab. Nach einer Tragzeit von 24–26 Wochen bei der Gemse und 22–23 Wochen beim Alpensteinbock werden die Kitze geboren.

Die Huftiere in ihrem Lebensraum

Um die Jahrhundertwende waren die freilebenden Paarhufer in der Schweiz äusserst selten. Nur die Gemse hatte die Zeit der Überbejagung und der Übernutzung der Nahrungsgrundlagen durch Weidevieh einigermassen schadlos überstanden. Seit der Einführung des neuen Jagdgesetzes im Jahre 1875 nehmen ihre Bestände ständig zu. Heute besiedelt die Gemse in den Alpen grosse zusammenhängende Gebiete, vor allem im Bereich der Waldgrenze. Wo Felsen vorkommen, lebt sie auch in tieferen Lagen. Im Mittelland gibt es verschiedene isolierte Populationen. Die Gemsbestände im Jura gehen teilweise auf Einwanderungen, aber auch auf Aussetzungen zurück.

Alle Steinbockkolonien im schweizerischen Alpenraum sind das Ergebnis eines grossangelegten Wiederansiedlungsprojektes! In Graubünden wurde der Alpensteinbock im 17., im Wallis erst zu Beginn des 19. Jahrhunderts ausgerottet. Wegen seiner grossen Bedeutung in der Volksmedizin wurde dem Steinbock überall gnadenlos nachgestellt.

Gemse

Nur im Gran-Paradiso-Gebiet (Aostatal, Italien), dem Jagdgebiet des italienischen Königs, hatte der Steinbock überlebt! In Nacht-und-Nebel-Aktionen gelangte Steinwild in die Schweiz. In den Wildparks Peter und Paul, St. Gallen, und Harder, Interlaken, wurde in der Folge Steinwild für die Aussetzungsaktionen gezüchtet. Im Jahre 1911 erfolgten an den Grauen Hörnern (St.Galler Oberland), im Jahre 1920 im Val Tantermozza (Schweizerischer Nationalpark) Freilassungen, welche den Grundstein für die heutigen, grossen Kolonien bildeten. Nicht weniger als 14 000 Stück Steinwild lebten 1995 in der Schweiz. Im Jura, in welchem das Steinwild in historischer Zeit nicht vorkam, wurden Steinböcke im Gebiet des Creux du Van ausgesetzt.

In den Alpen lebt der Steinbock vorwiegend in Felsgebieten oberhalb der Waldgrenze. Selbst im tiefsten Winter kann man ihn auf steilen, vom Winde schneefrei geblasenen Stellen weit oberhalb des Waldes beobachten. Im Frühjahr wechselt er gerne in tiefe Lagen und frisst gierig das frische Grün. Lokal, so z.B. im Churer Rheintal, trifft man ihn regelmässig in Felsgebieten weit unterhalb der Waldgrenze.

Auch der Rothirsch war im letzten Jahrhundert in der Schweiz praktisch ausgerottet worden. Zu Beginn dieses Jahrhunderts wanderten Rothirsche aus Vorarlberg und Tirol in Graubünden ein. Das neue Jagdgesetz gewährte ihnen einen guten Schutz. Gleichzeitig nahm die landwirtschaftliche Nutzung im Alpenraum ab. Vor allem im Sommerhalbjahr stand dem Rothirsch ein gutes Nahrungsangebot zur Verfügung. Wertvolle Wintereinstände in tieferen Lagen, wie die Auenwälder, wurden hingegen immer seltener. Insgesamt waren die Lebensbedingungen für den Rothirsch aber günstig. Er konnte sich in der Folge immer stärker nach Westen ausbreiten. Heute sind wohl alle geeigneten Lebensräume der Schweiz besiedelt. In vielen Regionen beobachtet man Wanderungen zwischen den Sommer- und Wintereinständen. Jungtiere übernehmen dabei die traditionellen Wanderrouten ihrer Mütter.

Das Reh überlebte die Jahrhundertwende in der Schweiz nur in kleinen Restbeständen. Dann setzte von Norden her die Wiederbesiedlung ein. Heute ist das Reh in der Schweiz weit verbreitet. Es lebt von den Tieflagen bis hinauf zur Waldgrenze und gilt als Kulturfolger, als Tierart also, welche sich in der Kulturlandschaft gut zurechtfindet. Die Ausräumung der Landschaft im intensiv genutzten Landwirtschaftsgebiet stellt auch das Reh vor grosse Probleme.

Innerhalb von 100 Jahren hat sich die Situation für die freilebenden Huftiere enorm verändert. Einst waren sie ausgerottet und bedroht; dann begannen sich die Bestände zu erholen. Da alle weiblichen Huftiere bis ins hohe Alter Junge gebären, ist die Nachwuchsrate recht hoch. Heute sind vor allem die Rothirsch- und die Steinbockbestände lokal so hoch, dass sie sehr gezielt reguliert werden müssen, um die Populationen in einem Gleichgewicht zu den Nahrungsgrundlagen zu halten. Mit dieser Massnahme sollen auch die vieldiskutierten Wildschäden im Wald vermindert werden. Diese Situation ist nicht nur auf das Fehlen der grossen Raubtiere zurückzuführen. Der Lebensraum ist nicht dramatisch beschränkt worden, doch ist seine Qualität hinsichtlich Äsung, Deckung und Ruhe vielenorts ungenügend. Mit einer Extensivierung der Landwirtschaft und einer wildfreundlichen Waldwirtschaft versucht man, die Lebensgrundlagen der Wildtiere zu verbessern. Wichtig ist es auch, die vielfältigen Störungen, welche die moderne Gesellschaft im Wildlebensraum verursacht, zu vermindern oder zu lenken.

Literatur: 4, 12, 21, 28, 34

Zu erwähnen sind noch zwei weitere Paarhufer-Arten, die nicht zu unserer einheimischen Fauna gehören: Sikahirsch und Mufflon sind aus Nachbarländern eingewandert und bilden heute zwei kleinere Kolonien in der Schweiz.

(Fam. Hirsche)
Sikahirsch *Cervus nippon*
F: Cerf sika   I: Cervo Sika   R: Tschierv sika   E: Sika deer

Der Sikahirsch hat eine gedrungene Gestalt. Die Körperfärbung ist im Sommer hellbraun-rötlich mit hellen Flecken, die im Winter weniger deutlich sind. Die Heimat des Sikahirsches ist Ostasien, er wurde aber in zahlreichen Ländern eingebürgert. Tiere, die

1941 auf deutscher Seite nahe der Schweizer Grenze freigelassen wurden, kamen in den Kanton Schaffhausen. Der wichtigste Bestand lebt heute südlich des Randen, doch treten auch in den Nachbargebieten sporadisch Sikahirsche auf.

(Fam. Hornträger)
Mufflon *Ovis ammon musimon*
F: Mouflon   I: Muflone   R: Muflon   E: Mouflon

Das Mufflon ist keine einheimische Huftierart. Es ist in Südeuropa eine verbreitete Wildschafart. Sein Körper ist gedrungen und besitzt relativ kurze, stämmige Beine. Der Rücken ist rotbraun, die Bauchseite weiss. Die Hörner sind etwas spiralig gewunden

In den siebziger Jahren wurden bei uns im Unterwallis erstmals freilebende Mufflons festgestellt. Sie stammen aus dem nahen Frankreich, wo Mufflons ausgesetzt worden waren. Heute existieren bei uns zwei Kolonien im Gebiet Champéry und in der Gegend von Morgins-Toron, deren Bestand auf rund 200 Tiere geschätzt wird.

Mufflon

Einheimische wiederkäuende Huftiere im Vergleich (nach Hannes Jenny, Jagdinspektorat Graubünden)

	Reh	Rothirsch	Gemse	Alpensteinbock
Farbe des Haarkleides Sommer:	fuchsrot bis rotbraun	rotbraun, M: Mähne im Herbst	gelbbraun, dunkler Aalstrich	braungrau bis rotbraun
Winter:	graubraun, weisser «Spiegel»	dunkelgrau-braun	braunschwarz, kontrastreich	W: gelbbraun, M: dunkelbraun
Art des Kopfschmuckes:	Geweih, Knochensubstanz	Geweih, Knochensubstanz	Gehörn, Hornsubstanz, Knochenzapfen	Gehörn, Hornsubstanz, Knochenzapfen
Körpergewicht ausgeweidet M:	16–20 kg	100–150 kg	25–30 kg	65–85 kg
W:	14–18 kg	60–85 kg	20–25 kg	35–45 kg
Schulterhöhe:	70–75 cm	105–130 cm	75–85 cm	70–90 cm
Verbreitung in Europa:	Grosse zusammenhängende Gebiete	Im Osten und in den Alpen zusammenhängende, in Mitteleuropa isolierte Gebiete	Zusammenhängende Gebiete in den Alpen	Kolonien in den Alpen
Äsungstyp (siehe Text):	Konzentratselektierer	Mischäser mit Tendenz zu Grasfresser	So.: eher Konzentratselektierer Wi.: eher Grasfresser	Mischäser mit Tendenz zu Grasfresser
Brunstzeit:	Ende Juli–Mitte August	Mitte September–Mitte Oktober	November– Anfang Dezember	Dezember–Anfang Januar
Tragzeit (Entwicklungszeit):	40 Wochen (22 Wo.)	34 Wochen	24–26 Wochen	22–23 Wochen
Setzzeit:	Ab Mitte Mai	Ab Ende Mai	Ab Mitte Mai	Ab Ende Mai
Anzahl Jungtiere:	(1)–2–(3) Kitze	1– (sehr selten 2) Kälber	1 Kitz	1–(selten 2) Kitze
Verhalten Kitze/Kälber:	Abliegertypus	Abliegertypus	Nachfolgetypus	Nachfolgetypus

Tierart	Kopf-Rumpf (cm)	Schwanz (cm)	Gewicht	Tragzeit	Wurfzeit	Junge	Würfe	Alter (Jahre)
Westigel	25–30	2,5–3	0,8–1,7 kg	32–35 Tg	V–IX	2–6	1–2	6–7
Alpenspitzmaus	6,2–8,7	6–7,6	5,2–11 g	20–25 Tg	V–VIII	3–9	2–3	1,5
Waldspitzmaus	6,8–8,8	3–5,7	7–13 g	20–25 Tg	IV–IX	5–9	2–5	1,5
Schabrackenspitzm.	5,7–7,2	3,9–4,7	6–12 g	20–25 Tg	?	5–6	?	?
Zwergspitzmaus	4,4–6,2	3,7–4,6	2,5–5 g	20–25 Tg	IV–IX	5–6	2–5	1,5
Wasserspitzmaus	7,2–9,6	4,5–7,7	13–19 g	20–25 Tg	V–IX	4–8	2–3	1,5
Sumpfspitzmaus	6,4–8,8	4,2–6,4	8–16 g	20–25 Tg	IV–IX	2–5	2–3	1,5
Hausspitzmaus	6,4–8,4	3,3–4,6	6–14 g	28–33 Tg	IV–IX	3–10	2–4	1,5
Gartenspitzmaus	5,5–7,7	3,3–4	5–8 g	28–33 Tg	IV–IX	1–5	2–4	1,5
Feldspitzmaus	6,4–8,4	2,9–4,1	7–13 g	28–33 Tg	IV–IX	2–6	2–4	1,5
Etruskerspitzmaus	3,6–5,2	2,4–2,9	1,5–2 g	27–28 Tg	?	4	5–6	1,5
Maulwurf	12–14,2	2,7–3,8	75–85 g	28 Tg	IV–VI	3–4	1	3–4
Blindmaulwurf	9,5–14	2,1–3	60–70 g	25–28 Tg	IV–IX	4–5	2	3–4
Fledermäuse	siehe J. Gebhard, 1991							
Wildkaninchen	40–45	4–8	2–3 kg	31 Tg	V–IX	4–12	3–4	5–9
Feldhase	48–67	7–11	4–6 kg	42 Tg	II–X	2–4	3–5	9–10
Schneehase	48–60	4–6,5	1,8–3,5	45 Tg	V–VIII	2–6	2	8
Alpenmurmeltier	45–58	14–20	3–5,8 kg	33–34 Tg	VI–VII	2–7	1	15–18
Eichhörnchen	20–25	15–20	300–400 g	38 Tg	IV–VIII	2–6	2	5–8
Burunduk	12–17	8–11	60–120 g	35–40 Tg	?	4–6	?	?
Europ. Biber	83–100	30–38	23–30 kg	105 Tg	IV–V	2–3	1	17
Siebenschläfer	13–19	11–15	70–180 g	30–32 Tg	VII–IX	4–6	1	3–4
Gartenschläfer	10–17	9–12,5	45–120 g	21–23 Tg	V–VI	4–5	1	5
Baumschläfer	8–13	8–9,5	65–95 g	23–28 Tg	V–VI	2–6	1	5–6
Haselmaus	6–9	5,5–7,5	15–40 g	24–26 Tg	VII–VIII	3–7	2	3–4
Bisamratte	27–36	23–27	0,6–1,3 kg	28–30 Tg	IV–IX	5–8	2–4	3–5
Rötelmaus	8,5–10,5	5–7	18–30 g	19–20 Tg	V–VIII	1–6	3–4	2–3
Ostschermaus	13,5–16,5	5,5–7	65–130 g	21 Tg	V–X	2–8	3–4	2–4
Feldmaus	9–11,5	2,4–4	20–35 g	21 Tg	III–XI	4–10	3–6	2

Erdmaus	9,5–12	3,5–4,5	30–45 g	21 Tg	III–XI	3–8	3–4	2
Schneemaus	10–13	5,6–7,6	30–56 g	21 Tg	VI–VIII	2–7	2	2–4
Kleinwühlmaus	7–10	3,5–4,2	22 g	21 Tg	V–X	2–4	2–3	2–3
Fatio-Kleinwühlmaus	9–11	4–4,4	22 g	21 Tg	?	3–5	5–6	1
Savi-Kleinwühlmaus	9–10	3–3,3	24 g	21 Tg	?	2–4	?	?
Wanderratte	19–27	16–20	230–500 g	22 Tg	IV–IX	7–8	5	3–4
Hausratte	14–23	17–28	150–230 g	21 Tg	I–XII	5–7	3–5	3–4
Hausmaus	7–11	7–11	30 g	21 Tg	I–XII	4–8	4–6	2–4
Waldmaus	8,5–10,5	8–9,5	15–35 g	23–26 Tg	IV–IX	5–6	3–4	2–4
Gelbhalsmaus	9–13	9–13	30–35 g	23–26 Tg	III–X	2–9	3	2–4
Alpenwaldmaus	8–10	9–13	30–35 g	?	?	?	?	?
Zwergmaus	7–8	7,8	5–11 g	18–21 Tg	IV–IX	4–8	2–3	2–3
Wolf	110–140	30–50	25–40 kg	61–63 Tg	IV–V	4–8	1	16
Marderhund	55–67	15–22	7–8 kg	60–63 Tg	IV–V	5–8	1	10
Rotfuchs	50–80	32–40	6–8 kg	60–63 Tg	III–IV	4–8	1	10
Braunbär	170–250	6–10	132–142 kg	7–8 Mt	XII–II	2–3	1	30–40
Waschbär	40–70	20–30	4–9 kg	60–73 Tg	III–V	3–4	1	6–8
Dachs	60–90	15–20	10–13 kg	11–12 Mt	II–IV	3–4	1	16
Hermelin	21–37	7–13	100–300 g	9–10 Mt	V–VI	4–7	1	6–10
Mauswiesel	14–20	3–5	45–90 g	35 Tg	V–VI	3–8	2	5–7
Iltis	35–40	13–15	0,7–1,1 kg	40–43 Tg	V–VIII	3–7	1	8–10
Fischotter	65–95	35–55	10 kg	52–58 Tg	I–XII	2–3	1	19
Steinmarder	40–56	20–30	0,8–2,5 kg	8–9 Mt	IV–V	2–5	1	8–10
Baummarder	45–48	23–28	0,8–1,8 kg	9 Mt	IV–V	2–5	1	10–15
Waldkatze	52–65	25–35	3–6 kg	63–68 Tg	IV–V	2–6	1	15
Luchs	80–105	18–20	20–25 kg	65–72 Tg	V–VI	2–4	1	14–16
Wildschwein	120–200	15–20	170–200 kg	115–140 Tg	III–V	3–12	1	20–30
Rothirsch	165–250	12–15	60–150 kg	238 Tg	V–VI	1	1	15–20
Sikahirsch	105–150	11–12	30–60 kg	210–224 Tg	VI	1	1	15–20
Reh	95–135	2–3	17–20 kg	280 Tg	V–VIII	1–2	1	15
Alpensteinbock	115–170	12–15	35–85 kg	154–161 Tg	VI	1–2	1	15–20
Gemse	120–150	3–4	20–30 kg	175 Tg	V–VI	1	1	15–20
Mufflon	110–130	3,5–6	35–50 kg	147–161 Tg	III–IV	1–2	1	15–20

Weiterführende Literatur

Allgemeine Literatur

BANG, P., DAHLSTRÖM, P., 1973: Tierspuren. BLV-Bestimmungsbuch. 240 S.
BAUMANN, F., 1949: Die freilebenden Säugetiere der Schweiz. 492 S. (vergriffen).
CORBET, G., OVENDEN, D., 1980: Pareys Buch der Säugetiere. Alle wildlebenden Säugetiere Europas. 240 S. Paul Parey.
DEBROT, S. et al., 1982: Atlas des Poils de Mammifères d'Europe. Institut de Zoologie, Université de Neuchâtel: 208 S.
HAINARD, R., 1988: Mammifères sauvages d'Europe. 347 S. Delachaux et Niestlé.
HAUSSER, J., 1995: Säugetiere der Schweiz. Birkhäuser Verlag Basel, im Druck.
INFODIENST WILDBIOLOGIE UND ÖKOLOGIE, Zürich.
KURT, F., 1977: Wildtiere in der Kulturlandschaft. 175 S. Eugen Rentsch Verlag.
LEUTERT, A., 1981: Von Mäusen, Spitzmäusen und Maulwürfen. Neujahrsblatt der Naturforschenden Gesellschaft Schaffhausen: 1–32, dazu ausklappbare Übersichtstafel.
NIETHAMMER, J., KRAPP, F., 1978: Handbuch der Säugetiere Europas. Bd. 1 und folgende. Aula Verlag Wiesbaden.
OLBERG, G., 1973: Die Fährten der Säugetiere. Neue Brehm-Bücherei, Heft 419: 104 S. Ziemsen.
RAHM, U., 1976: Die Säugetiere der Schweiz. Veröffentlichung aus dem Naturhistorischen Museum Basel, Nr. 9, 87 S. (vergriffen).
SALVIONI, M., FOSSATI, A., 1992: I mammiferi del Cantone Ticino. 103 S. Lega svizzera per la protezione della natura, Sezione Ticino.
VAN DEN BRINK, F.H., 1968: Die Säugetiere Europas. 217 S. Paul Parey.

Literatur zu einzelnen Arten oder Artengruppen

1 BAETTIG, M.A., 1986: Beiträge zur Schwarzwildforschung in der Schweiz. Dissertation. Imp. Chabloz, Mauraz.
2 BIBIKOW, D.I., 1988: Der Wolf. Neue Brehm-Bücherei, Heft 587. Ziemsen.
3 BLANCHET, M., 1994: Le castor et son royaume. 312 S. Delachaux et Niestlé.
4 BLANKENHORN, H.J., BUCHLI, Ch., VOSER, P., BERGER, Chr., 1979: Bericht zum Hirschproblem im Engadin und Münstertal. 160 S. FORNAT, Zernez.
5 BOBACK, A.W., 1976: Das Wildkaninchen. Neue Brehm-Bücherei, Heft 415. Ziemsen.
6 BURROWS, R., MATZEN, K., 1972: Der Fuchs. BLV-Jagdbiologie. 196 S.
7 BUWAL, 1994: Merkblatt für Igelstationen. BUWAL, Dokumentationsdienst, Bern.
8 DJOSHKIN, W.W., SAFONOW, W.G., 1960: Die Biber der Alten und Neuen Welt. Neue Brehm-Bücherei, Heft 111.
9 FESTETICS, A., 1978: Der Luchs in Europa. Heft 3: 354 S. Kilda Verlag.
10 GEBHARD, J., 1991: Unsere Fledermäuse. Veröffentlichungen aus dem Naturhistorischen Museum Basel, Nr.10: 72 S.
11 GEWALT, W., 1956: Das Eichhörnchen. Neue Brehm-Bücherei, Heft 183. Ziemsen.